終《つい》の棲《す》み家《か》に翔べない理由

Moeko TAWARA
俵 萠子

中央公論新社

終の棲み家に翔べない理由　目次

Ⅰ　終の棲み家に翔べない理由

最後まで自己決定をし、自分らしく生きたいだれにも決してわからない〝自分の終わり〟

終の棲み家に翔べない理由

I

終の棲み家に翔べない理由

人生は片づかない

アンティーブの老人ホームで見学中に見かけた犬の撮影に夢中の著者（2005年6月20日、梅田修身・鏡子ご夫妻提供）

南仏に理想のホームを見た

腰が上がらぬその理由

二年間、いったい、私は何をしていたんだろう。

二〇〇五年春から、きょうまでのことだ。そう、もう二年たつんだ。

二〇〇二年十月に、大阪の母が亡くなった。その前後から、私は憑《つ》かれたように、有料老人ホームとグループホームばかり、取材して歩いた。大小さまざま、百ヵ所以上を回っただろう。

そして、それを、本に書いた。(『子どもの世話にならずに死ぬ方法』)

（なるほど、こういうところに入れば、子どもたちに迷惑をかけず、世話にもならず、私は死ねそうだ）

そう思えた有料老人ホームが、少数ながらあった。それは事実だ。なのに、私の腰は、上がらなかった。さっぱり、上がらない。上がらぬまま、やがて二年が過ぎようとしている。

今回の原稿の最大の目的は、腰が上がらぬ理由を、私自身にはっきりさせることだろう。いろいろ理由はあると思っている。最近までどうしてもわからなかった理由もある。はじめからわかっていた理由もある。

はじめからわかっていたのは、お金のことだった。私が気に入ったホームの入居一時金は、七千万円とか八千万円とか、ベラボーに高額であった。そんな大金を、右から左へ動かせる人は、そう多くはない。私自身、自分のことを、そうビンボーだとは思っていない。むしろ、とてもラッキーな〝にわか成金〟だとさえ思っている。それなのに、そんな大金は動かせないのだ。

その金額を払うには、いま住んでいるこの家を売らなければならない。売るとしたら、まず、家の中を片づけなければならない。ここで、私はつっかえる。

（家の中を、片づける、だって！）

目玉をむく。気持ちにブレーキがかかる。そしてエンストが起きてしまう。

説明しておこう。

もともと、私は無一文だった。夫の奨学金やら、新婚旅行用カメラのローンやら、そのほかにも借金を背負っての結婚だった。だから、会費制の結婚式を、産経会館の九階パーラーでやらざるを得なかった。毎月、質屋通いをした。その頃いつも駅の改札口付近で、お金を拾う夢ばかり見ていたことを思い出す。どちらの親も、一円の援助もしてくれなかった。いや、出来なかった。戦後十二年目、日本人は、みんな貧しいという時代だった。

それでも、人には宝くじがあたることがある。私にも、二回だけ思わぬお金が舞い込んだ時があった。七十冊近い本を書いたなかで、たった二冊だが、予想外に売れた本があったのだ。一つはデビュー作の『ママ、日曜でありがとう』。もう一冊は、それから九年たって書いた離婚の本。『彼と向かい合って生きる方法』だ。この本は、書いた当人がびっくりするほど売れた。世間の人は、きっと他人の不幸が好きなのだろう。おかげで私は、女ひとり、家を建てることが出来た。いま住んでいる東京・中野の家がそれだ。友人がいう。離婚の本の印税で建てたんだから、あなたのうちは〝離婚御殿〟だね、と。私もそう思う。

しかし、そのあと、大金が転がり込むことはもうなかった。母が亡くなった時は遺言状があった。両親の唯一の不動産である〝百八十坪の実家〟は、弟と妹に与えると書いてあった。私は母の貯金通帳に残っていた千五百万円だけをいただいた。千五百万円では、私の入りたい老人ホームの頭金には、はるかに及ばない。

そこで、家を売る話になるのだ。

家の中を、片づける話になるのだ。

六十代後半から、私は災難続きだった。

六十五歳で、親きょうだいがだれもかかっていないのに、がんにかかった。乳がんで、右乳房を全摘した。

六十八歳。たぶん高速道路の運転中に一過性脳梗塞《のうこうそく》が起きたのだろう。大交通事故。大骨折。坐骨神経痛。四年間のうつ状態。まるで生きていたのが奇蹟のような日々だった。

私の災難にかぶさるように、同時進行した母の寝たきり七年間と死。そのなかでやっと日目を見た書きおろしの上梓を機会に、私は夢だった南仏へ、旅に出た。厄払いの心境でもあった。しかし心は、やはり有料老人ホームに囚《とら》われていた。

南仏の郊外型ホーム

南仏のニースでシャガールやマティスの美術館を見学し、モナコの夜を楽しんだあと、三日目、やっぱり私はアンティーブの老人ホームへ取材に行った。「ラ・クレール・フォンテーヌ」という老人ホームは、ちょっと都心から離れた、郊外型のホームだ。東京だと、三鷹か国立くらいの感じだろうか。まわりには自然があり、敷地もゆったりしている。庭にはゴッホが描く、アルルの絵によく出てくるような樹木が植えられている。建物は、白壁に赤茶色の瓦。典型的な南欧風だ。明るい。やっぱり、ここはコート・ダ・ジュールなんだと思う。

このホームには「レジダンス・セルビス・トロワジェム・アージュ」という解説がついていた。訳すと「人生第三幕の人たちにサービスするホーム」とでもいおうか。

このホームに入っていった時、まっ先に、私を迎えてくれたのは、オリーブの木の下で昼寝していたトラ猫だった。あとで取材をした時、ホームの職員がいった。

「この猫の飼い主はね、この間亡くなったの。で、この猫をどうしようかという会議を、入居者が開いた。結論は〝じゃァ、みんなで飼ってあげよう〟ということになった。だからみんなの猫なの……」

ホームを案内してもらっている時、入居者用のプールがあった。だれも泳いでいる人はいない。犬が一匹、浅いところで水浴びをしていた。私を見て驚いたのか、プールから出て体をふるわせ、周りに水を吹き飛ばした。しかし案内してくれた人も、入居者も、ダレ一人、

「不潔ねえ。早く犬を追い出してェ！」

と騒ぐ人はいない。日本のホームを、百ヵ所歩いた私には、信じられない光景だ。いや、もっと驚いたのは、要介護の人たちが住んでいる棟に行った時だ。リビングだか、食堂だか忘れたが、入居者が車椅子でくつろいでいるホール。そこには、人間の数の十分の一くらい、犬も一緒にくつろいでいたのだ。

日本では、「ペットも可」というホームに、たった一軒しか出会えなかった私にとって、これは夢のような光景だ。

群馬県、赤城山の森の中で留守番をしている愛犬の「俵くに子」を思い出す。

（あの子を連れて入れるホームが欲しい。そうでないと、私は入りたくない。）

それは、私の本音だ。日本の〝ホーム入居〟にふんぎりがつかない一つの理由は、それなのだ。

取材の途中で、案内の職員にきいてみた。

「ここは、犬と猫が、たくさん居ますけれど、日本では、ほとんどのホームでペットはダメなんです。ここでは、どうして、ペットを許すんですか？」

案内していたのは、必要以上に胸の開いたネグリジェ風ワンピースの心理療法士（若い女性）だった。彼女は、驚いた顔をした。

「どうしてですか？　どうして、日本はダメなんですか？　だって、年をとった方にとって、ペットは、生きていくための杖のようなものでしょう。それをお年寄りからとりあげるなんて、どうしてですか？」

逆に真顔できかれた。私は困った。

「たぶん、他人に迷惑をかけてはいけないという、管理上の理由からでしょう」

「あら。それは、フランスだって同じことです。ですから、約束していただきます。自分のペットは、自分で責任を持ちます。他人に迷惑をかけないように飼います。そういう一筆を入れていただきます。それで、いいんじゃないですか」

その時、私は、危うく、それじゃァこのホームに、私はくぅちゃんと一緒に入りたい、といいそうになった。でも、踏みとどまった。軽率は、いけない。それに、ここは外国だ。外国人を入れてくれるかどうかもわからない。

そのあと、費用のことを聞いた。

「入居一時金は、おいくらですか？」

〃ネグリジェさん〃が答えた。

「そんなものは、ありません。ふつうのレンタルアパートと同じです。家賃二ヵ月分の敷金をいただきます。これは、退去の時に、修繕費を差し引いて、お返しします。ただ、身体の不自由な方には、ケア加算はいただきます」

入居一時金が無い？　家賃二ヵ月分の敷金だけ？　アパートと同じ？

呆然《ぼうぜん》として聞いていた。飛行機で十二時間飛んだだけで、こういうホームがあるのか……。

「毎月の費用は？」

「それは、一ヵ月二千五十ユーロぐらいですね。家賃、管理費、食費、住民税のトータルです」

計算機で計算してみると、その当時のユーロ相場で二十七万六千七百五十円。三十万円弱だった。これを、高いと見るか、安いと見るか。入居一時金がゼロということを念頭に置いて考えてみる必要がある。

このホームは、フランスでは、中クラスの人が入るホームだと彼女はいった。

マルセイユの都心型ホーム

南仏旅行のメンバーは、ほとんど、リタイアした私の友人たちだ。学校の教師、テレビ局のプロデューサー、病院の医師、職種はさまざまだが、サラリーマン人生を完走した人と、そのパートナーだ。

そのせいか、独断と偏見で決めた私の旅のコンテンツを喜んでくれた。おかげで、私は自信を持って南仏旅行の最後で、マルセイユの都心型ホームをご案内した。

マルセイユのホームは「レジダンスリトレート・メディカリゼ」と肩書きがついていた。日本でいえば、ケア付きホームになるだろうか。ホームの経営者は医師だった。ホームの名前は「レジダンス・ペリエ」という。ペリエ通りに面しているから、ペリエというわけだ。東京でいえば、六本木か麴町かという感じの高級住宅街。五階建てマンションが、すべてホームになっている。といっても、マンモスホームではない。定員九十五人。七十二室。院長である医師は、このくらいがホームとしていちばんいい生活環境だという。それは、私も、同感だ。いま入居者の平均年齢は八十五歳。百歳以上は、女性ばかり四人。

一階は食堂、カフェテラス、集会所、事務所と個室三室。

二階は認知症専用フロア。(この階の出入り口だけ、鍵がついている)

三階～五階は個室と二人部屋。

エステが出来る美容室、理髪室、シネマルーム、マッサージルーム、リハビリルーム、体験入居用ルーム、薬剤師室などがついていた。

このホームで私が面白かったのは、ルームメイトと二人で入れる部屋があることだ。はじめから友人と二人で入る場合もあるし、途中で気の合う人とルームメイトになることも出来る。いま、一人、ヤモメになった男性が、ルームメイトをさがしている。いやになったら、組みかえることも、個室に戻ることも出来る。

「日本では、〝夫婦部屋〟というのはありますが、〝ルームメイト部屋〟というのは無いんですけれど……」

私がきくと、院長よりずっとやり手の印象の院長夫人がいった。

「パートナーが亡くなり、急にシングルになって、さびしがる人がたくさんいるんです。気の合う二人だったら、話し相手になりますし、部屋代も割りカンになりますしね。いま、夫婦のカップルは五組、ルームメイトは二十組で四十人。その中には、異性の友だちとルームメイトというケースが一組。その人たちを私たちは〝フィアンセ〟と呼んでいます。一人部屋は三十五人です。結構、〝ルームメイト部屋〟は人気があるんです」

そうか。じゃァ、私はだれと入ろうか。とっさに友人のあれこれを、思い描く。でも、こっちがよくても、相手に断られる場合もあるしなァ……。

いずれにしても、〝個室化〟を叫んでいる日本とは逆現象だ。面白いではないか。それに、私の腰が上がらない理由の一つは、たった一人、知らない人ばかりのホームに〝新入り〟として入っていくのが怖いということだ。ヒトミシリというか、何というか……。

〈ケアハウス、二人で入れば怖くない〉そんなスローガンを作りたい。

このホームでも、ペットはOK。飼ってよかった。

犬を抱いて、食堂へ来ている人がいた。

もう一つ。……ここでも、入居一時金は無かった。

「ふつうのアパートと同じです。一ヵ月分の家賃を、敷金としていただきます。このお金は、退去される時、修繕費だけいただいて、あとはお返しします」

アンティーブでは、二ヵ月分。マルセイユは一ヵ月分だという。いずれにしても、そこから修繕費だけを差し引いて返金する。日本のアパートと同じだ。

「月々の払いは？」

「食費も管理費も家賃もすべてを入れて一万六千フランくらい」

ここではフラン。アンティーブではユーロ。ややこしいが、日本円になおすと、当時のレートで三十六万円から四十二万円くらい。

「かなり、高いですね」

私がいうと、通訳の男性が答えた。

「だって、ここは、フランスのホームとしては、高級に属しますから……」

建っている場所といい、一流の料理（プロのシェフが入っている）といい、確かにここは高級ホームだろう。ちなみに私たちがご馳走になった昼食は、帝国ホテル級のブイアベースだった。アンティーブのほうが、月の経費は十万円くらい安い。しかし、ランチにブイアベースは出ない。私の好みは、庭にラベンダーの花がむせるように咲いていたアンティーブのほうだなァ。あそこで、私は、危うく、倭くに子と一緒に入れてくださいといいそうになった。マルセイユで、そんなことは思わなかった。

体験入居制度はうらやましいと思う。日本では、本を書くため何度も私は体験入居をした。日本は、どこでも、体験入居はせいぜい一週間が限度だ。

マルセイユは三ヵ月までOKだという。

「へえ。日本は、たった一週間ですが？」

逆に院長夫人が目を丸くした。

「一週間なんかじゃ、何もわかんないでしょう。うちでは、〝有期滞在〟といって、一ヵ月以上、三ヵ月までというルールです。よそのホームも大体同じです。そのかわり、うちは一ヵ月分の敷金を入れていただきます。もちろん、これは、あとでお返し致しますが……。費用は、入居者料金の一・五割増しです」

ここは費用が高いから、よほどの金持ちでないと、体験入居出来ないが、アンティーブなら私でも出来なくはない。

諸悪の根源、入居一時金

そうだ。日本だって、こういう制度にしてくれれば、私のような優柔不断は助かる。頭金は無しで、とにかく、三ヵ月入ってみる。そうすれば、そこのホームの職員や入居者の感じがいいか、悪いか。食事がおいしいか、まずいか。何か特別、不都合なことがあるか、ないか。大体のことはわかる。顔見知りも出来るだろう。まるで清水の舞台から飛び降りるような気持ちでホーム入りを決めなくていい。

私のように、雑用の多い人間は、三ヵ月間のスケジュールをすべて白紙には出来ない。体験入居先からあちこちへ出動できるのなら、三ヵ月入居は可能だろう。日本のホームは、どうしてそのくらいのことをやってくれないのかしら。そして、極めつきは、入居一時金だろう。

諸悪の根源といってもいい。あの制度があるおかげで、私は三十年も住んだ家を売らなくてはならない。家を売るには、まず家の中を片づけなくてはならない。しかも、ただ片づけるだけではない。捨てなくてはならない。何しろ、行く先は、七千万円も、八千万円も出すところだというのに、1LDKなのだから……。1LDKなんて、借金だらけ、無一文だった新婚の時と同じではないか。人生、七十六年もやってきて、ふたたび1LDKにかえれるものなのか。パラサイトの四十息子は、どうやって片づけるのか？

母が私の年齢だった時をしきりに思い出す。

「ねぇ。どうしようか、萠子さん。ねぇ、いまはいいのよ。まだこうして動けるから……。でも動けなくなったら、どうしよう。ねぇ、どこに行こうか。ねぇ、だれと暮らそうか」

毎日、テープレコーダーのように同じことをいっている母を、私はバカにしていた。お母さん。ごめんね。結局私は、何もあなたのこと、わかってはいなかったんです。

だから、私は片づかない

写真、写真、写真……

（まずこの家を売って、老人ホームの入居一時金を作ろう）

そう考えた時、最初に手をつけたのは、アルバムの整理だった。

どこのお宅でも同じだろう。人生七十何年も生きてくれば、身の回りは写真だらけ。しかし、写真ほど自分以外の人間にとって価値のないものは無い。片づけるとしたら、まず写真からではないのか。

わが家も同じだ。長いマスコミ生活。写真だけはたくさんある。週刊誌や雑誌のグラビアページを飾った家族写真。講演中の写真。レギュラー番組に出演中の写真。書斎で原稿を書いている写真。取材旅行の写真……。

（こんなものを、こんなにたくさん、残された子どもは、ほんとに迷惑するだろうなァ……。さて、どれから捨てようか）

しかし、自分のアルバムを、自分で捨てるのは〝生きながらの葬式〟を自分でやるようなものだった。たとえば、新婚時代……。古いから、こういう写真はもう捨ててもいいか。いったんはそう思う。なのにページをめくっていると、じっと見入ってしまう。久し振りに思い出す。とても捨てられるものではない。

そのあとに続く子育て時代。私が二人の子ども、それぞれに母乳を飲ませている写真。これだけは、捨てられない。子どもがイヤだといっても、押しつけでも、持たせたい。その上、乳がんで手術したいまとなっては、私にもオッパイが二個あったという証拠写真でもある。捨てられるものか。

そこから約十年続く家族の時代。いまとなっては、貴重な思い出だ。

（やっぱり、これは子どもたちのためにとっておいてあげなければ、いけないのではないか。いや、待てよ。それとも〝家族写真〟というのは、いったいだれのものなのか。親のものなのか。子のものか）

家族写真の所有権について考え始める。あっという間に一時間くらいたってしまう。息子はいつまでたっても結婚しない。だから、問題は先送りだ。が、娘は、結婚する時、家族時代の写真を持っていったのだろうか。持っていかなかったような気がする。ならば、いま私が捨ててしまったら、いつか娘が欲しくなった時にどうするか。孫にだって、家族の歴史のひとこまとして、一枚くらい、持っていてもらいたい。まず、その写真から選ぼうか。私はつぎつぎアルバムを引っ張り出す。やがて部屋の中は、アルバムだらけになる。

片づけるつもりだった。が、かえって散らかる。部屋の床はとっくの昔に見えなくなっている。そうだ。こういう状態になって、途方に暮れた人が読む本があったっけ。あの本は、どこへ行った?

少し前に買っておいたマリリン・ポールの『だから片づかない。なのに時間がない。』という本を、私は捜し始める。

(どこへ置いたっけ?)

片づけの仕方を学ぶ本を捜すのにまた一時間。目指す本は、書斎入り口、左側の壁にうずたかく積んだ「ツンドク本」のまん中あたりにあった。背表紙が壁の方を向いていた。だから見えなかったのだ。

(これじゃァ、いけない。すべての本の背表紙が見えるように、本を積み直そう)

床に坐り込み、私は一冊一冊を積み直す。その中に、ベターホーム協会の雑誌があった。パラパラめくっていると、

「かたづけられない私は、大人のADHD?」

という特集がある。読み始める。

〈おとなのADHDによく見られること〉という一覧表が出ている。その中で、私に該当する項目がたくさんあった。

◇冷蔵庫の中に、調理し忘れた食材や賞味期限切れの食品が多い。

◇ものをなくしたり、忘れたりすることが多い。

◇物をポンと置いて、どこに置いたかわからなくなる。

◇何かに気をとられると、さっきまでしていたことを忘れてしまう。

◇必要なものがすぐ見つからない。

◇部屋がいつも散らかっている。

◇くつろいで、のんびりと静かに座っていられない。

やっぱり、私はADHDなんだろうか。

でも、ADHDって、いったい何だ？

今度はADHDという病気を調べ始める。

その時、「ツンドク本」の一番上に置いた『だから片づかない。なのに時間がない。』の帯の言葉が目に入った。

〈机の上の醜態が、あなたの人生そのものだ〉

メール、メール、メール……

まるで、私のことをいってるみたいではないか。書斎の奥にある、自分の机の上を見る。〝醜態〟。その通りだ。クリアケースに入った「再読すべきメール」「保存するメールとインターネット」「しばらく保存したあと、処分するメール」「緊急に返事を要するメール」「がん患者団体支援機構メール」「一、二の三で温泉に入る会関係」「赤城の美術館関係」「本職メール」「プライベートメール」などが、雑然と積まれている。中に「保存FAX」というクリアケースもある。だれかから来て、たぶん返事が書けていない古びた郵便（封書やハガキ）、贈呈本、まだ読んでいない週刊誌、会報ｅｔｃ．と卓上計算器。

（諸悪の根源は、パソコンではないのか）

ふとそう思った。パソコンという物が出来てから、私の机の上は、二倍以上に混みあうようになった。郵便、ＦＡＸ。それだけで十分いままで生きてこられたというのに、何だ。パソコンが来てからの六年間は……。新たにメールの山がもう一つ降り積もるようになった。その上、従来通りに電話と客は来る。私が朝晩気をつけなくてはいけないもの（メール）が増えたばかりに、私には朝の息抜き時間がなくなった。パソコンは、人間に楽をさせ、人間を幸福にする機械ではなかったのか。どうなのだ。それを考え始めた時、マリリン・ポールの本が滑って床に落ちた。表紙が開いた。

〈あなたのまわりに、こんな人はいませんか？　もしやあなたも？〉

というカバー裏の文字が見えた。

その下に
◇書類や本が山積みで、ずっと「机の上」を見ていない人。
◇毎朝、鍵や財布が見つからなくてドタバタする人。
◇思い出の物が押し入れや机の中にたまっている人。（注・年寄りなら、当たり前でしょ。何が悪い？／俵）
◇スケジュール表がすべて埋まっていないと落ち着かない人。
そこまで読んだ時、ギクッとした。確かに私はそうだ。そうなのだ。予定表がぎっしり埋まっていないと落ち着かない。だから、やたら、仕事や人との約束を入れてしまう。その結果、身の回りを片づける時間がなくなる。忙しいのではない。私が忙しくしたいだけなのだ。だから、私は片づかない。身の回りはひどいことになる。

それは、私自身の生き方を問われているような衝撃だった。


本、本、本……

かくて、アルバムの整理に失敗した私は、こう考えることにした。

何も、ホームに入る前に、私がそこまでやることはない。この世の中には〝片づけ屋さん〟という職業がある。その人を呼んできてやってもらえばいい。こんなことを、自分自身でやっていたら、いくつになってもホームに入れない。最後の最後に〝片づけ屋さん〟を呼んでくればいい。それまで、アルバムには触らないでおこう。それより、これから私が気をつけなければいけないのは、写真を撮らない、撮られないということだ。

そう考えた次の日。私は女学校の同窓会に出かけた。

「これからは、だんだん人数が欠けていく。だから、いまのうちに記念写真を撮っておきましょうよ」

率先してそういい、私はみんなのまん中に陣どり、にっこり笑って写真におさまった。

そのまた次の日、私は、赤城の森の美術館に行き、団体客と一緒にうつり、ツーショットも十数枚撮って東京へ帰ってきた。

その日の写真が送られてきた時、私は考えた。

(ま、いいか。どうせ、あと十年。いままでの写真が多すぎたんだ。ちょいとばかり、ここで調整したって、〝片づけ屋さん〟の料金はそれほど変わらないだろう。自然に生きよう。何より自然に暮らすことだ。『ターシャの庭』のターシャ・テューダーさんのように)

つぎは……。と私は周囲を見回す。やるなら、やっぱり、本だろう。友人の樋口恵子がいった。

「つれあいを亡くした時に、何が大変だったといって、本が一番だったわね。つれあいの勤務していた大学の研究室が、アルバイトの学生まで派遣してくれて、何ヵ月。そう、何ヵ月なのよ。ほんとに……」

そうだろう、そうだろうと私は思い、昔、教育委員として仕事をした中野区の教育委員会に電話をした。

「もし、よろしければ、私の蔵書を図書館に寄付したいのですけれど……」

しかし、相手の態度は、期待したほどのものではなかった。どんなものですか。一度見せていただかなくては……。リストは無いのですか。望まぬ相手に嫁に貰っていただくような雰囲気である。ヤッメタ、と思ってしまった。ルーブル美術館の全集だって、全十巻の『日本婦人問題資料集成』だって、当時の私にしてみれば安くはない買い物だった。いやいやなんかで、貰って欲しくない。

かくなる上は、捨てる。

自分の手で、捨てる。

ヤケのやんぱち。

毎日のように、本を捨てまくった。

すると、だんだん、本棚に空きが出てくる。

それが、また、うれしかったんだなァ。

やっとアクセサリーだけ……

本棚が空けば、新しい本が買えるではないか。それまで諦めていた本を、セッセと買い始めた。本はどんどん入れ替わっていった。が、本の量は少しも減らない。まして、自分の書いた（そして絶版になった）本は、捨てることも出来ない。あげることも出来ない。売ることも出来ない。七十冊の本を十冊ずつ残しておけば、合計七百冊。そこへ共著というものが入る。約千冊。これだけは、老人ホームへも持っていけない。片づけ屋さんにも頼めない。いったいどうすればいいのだ。

途方に暮れるうちに、本を片づけるのがいやになってきた。

何も私だけが特殊ではない。人形づくりをしている人は、人形がたまるだろう。陶芸をする人は、茶碗がたまる。花が好きなら植木鉢がたまる。何だって、生きがいを持てば、モノがたまる。それが人生ってものだろう。文句あんのか。

そのころ、私に七十五歳の誕生日が来た。友人がアクセサリーの整理箱という妙なものをプレゼントしてくれた。小さなタンスだ。

考えてみれば、結婚以来、アクセサリーを本格的に整理したことはない。これは、面白い。熱中して、大半のガラクタアクセサリーを捨てた。気に入ったものだけをタンスに入れ、すっきり、さっぱりと整理できた。片づけの中でうまくいったのは、これだけだ。あらためて家の中を見回す。すると、アクセサリーというものが占めるスペースは微々たるものだった。どこへ、何を片づけたのか、家全体としてはやっぱり何一つ、変わっていなかったのだ。

結局私には片づけ能力が欠落しているんだ。そういえば学生時代、試験が近づくと、まず机の周りを片づけ始めた。次にノートを整理した。やっと準備が整った頃試験が始まった。どの試験でも整理したノートを覚える暇はなかったことを思い出す。

結局、私は片づけない

ある日、Mさんと再会した。

前著『子どもの世話にならずに死ぬ方法』の取材をした時、親しくなったホーム入居者の一人だ。

私が家を売ろうと思っても、片づかない、という話をすると、Mさんがいった。

「片づける——というのはね。切羽つまらなければ、出来ないものなのよ。たとえば私の場合、夫婦二人とも病気になり、子どもは海外……。もう、どうしようもなかったから、夫婦でホームへ飛び込んだ。病気だから片づける人はいない。家は手つかず、そのままにして……。そのかわり、入居一時金の安いところにした。だから、あの程度のホームなのよ。でも、帰るべき家は残った。俵さんも、何かを我慢しなければ、永遠に決まらないわよ」

あんたはわがままなのよ、といいたげな表情だ。何かを我慢しなさい、というわけだ。片づけをせず、家を残して、みすぼらしいホームに入るか。片づけをし、家を売り、そのかわりある程度気分のいいホームに入るか。二者択一でしょというわけだ。舌鋒するどいMさんへのいいわけではないが、私の片づけ能力を鈍らせるもう一つの理由をいわねばならぬ。

「いまは、地価が下がって、不動産が安いでしょ。べつにバブルがいいとは思わないけど、ひと頃の値段を知っている人間としては、あまりに安くなった。家を売るには、いまはタイミングが悪い。金利は限りなくゼロに近いし……。〝さて、老後〟という時に、こうなるなんて、運が悪いわよねえ。私たちの世代は……」

日頃思っていることを私は口にした。

だから、積極的に家を売りたいと思えない。だから、よけい片づかない。片づかない理由を、私は社会情勢に押しつけたい。

でも、Mさんは承服しない。

「それは、違うと思うわ。あなたの家の売り値が安い時代には、ホームの入居金も安い。バブルで高く家が売れた時代には、ホームの入居金も高かった。世の中、わりに公平に出来ているのよ。むしろ、俵さんが片づけられないのは、家の中というより、俵さんの人生そのものじゃないんですか」

鋭い指摘だった。あの頃、私は、片づけに絶望しながら、いつも思った。

片づけが出来ない本当の理由は、別にあるんじゃないのか。たとえば、私が片づけに成功して、家を売るところまで漕ぎつけたとして、わが家のパラサイト息子は、どうするのだ。息子はこの家を出ていきたいなどと一度もいったことはない。むしろ彼はここで、私に寄生して住んでいたいのだろう。そして、私自身も、話し相手のいるこの家の生活をときにはいいと思うことがある。赤城の森の中に行くと、二匹の犬と私の三人暮らしだ。それはそれでシンプルでいいが、たまには、人間のいる所へ帰りたくなることがある。

そこを、見つめなければいけないのではないか。誤魔化しては、いけないのではないか。亡くなった母が、ホーム入りに少しも積極的でなかったのは、たとえ嫁が嫌いでも、息子と暮らす生活を、心の底では望んでいたからではないか。明治生まれで、老人ホームに偏見を持っていたということだけではなかったのではないか。それと、もう一つ。大事なこと。人は、本当は、自分の獲得した自分の家に、最後まで住んでいたいものなのではないか。

体調さえ許せば、集団生活より、自由気儘《きまま》に、自分だけの空間を支配していたいのではないか。

でも、それは贅沢であり、やがては家族に迷惑がかかり、自分も困る日が来る。だから、理性で、ホーム入りを決意する。理性だから、なかなか腰は上がらない。私の腰が上がらないのも、煎じつめればそこではないのか。

Mさんの言葉である「あなたは切羽つまっていないからよ」は、案外当たっているのかも知れないと、私は思うのだった。

年金問答

我が家が毀れる時

居間の天井の蛍光灯が、点《つ》かなくなった。

つづいて、トイレの前のライトがチカチカする。

(この家も築三十年。あちこち故障する。やっぱり、ホームに入れという潮時なのか……)

家というものは、建てればそれで済むのか、と思っていた私が、バカだった。誤算だった。

しかし、いっせいに毀《こわ》れ始めるのが、老年まっ最中……というのが気に喰わない。ケシカランではないか。絶対、五十年は保《も》つような日本の家にすべきだ。いや、待てよ。ふつう、家というものが一番必要になるのは、子どもが生まれて、育ちざかりになったころだ。四十歳前後か。

それから五十年、というと九十歳。困ったな。このごろ、九十歳を超えて生きる女がザラになった。すると、〝死にごろ〟に、〝家の毀れごろ〟がぶつかる。その年齢での引越しは、もっと困難だ。

（すると、日本人は、子育てをした家で死ぬのを諦め、まだ体力のある六十前後で、もう一回引越しをすべきなのか……）

建築家でもないのに、〝超高齢時代の住まい〟についてあれこれ考える。「人生六十年時代」のマイホーム計画と、「人生百年時代」のマイホーム計画が、同じであっていいわけはない。そのことに、私はいまごろやっと気がついた。でも、どうして、もっと早く教えてくれる人が居なかったのだろう。

さりとて、毀れた蛍光灯に、〝待った〟はない。どなたかが、お書きになっていたではないか。

「天井の蛍光灯がとり替えられなくなった時。壁時計の電池がとり替えられなくなった時。——その時が老人ホームへの引っ越し時なのです」

この言葉は、ずっと私のプレッシャーになっている。「でも……、でも……」と最近の私は思う。たとえば、私の住んでいる東京、中野区で、

〈独居老人ヘルプ隊〉

とでもいうべきものを作ればいいんじゃないか。簡単なことだ。蛍光灯が毀れる。役所に電

話する。必要以上に背の高い男たちが、蛍光灯とり替え班を作っている。飛んでくる。もちろん、有料で結構だ。そうすれば、案外私は、老人ホームに入らなくて済むのではないか。

ついでに、昔を回想する。

昔は、わが家にも〝出入りの電器屋さん〟というのがあった。その店で、あらゆる電気製品を購入する。かわりに、ちょっとした電気まわりの故障は、飛んできて直してくれた。だから、老人世帯でも、住みなれた町で、死ぬまで暮らしていけたのだ。

いまは、どうだ。電気製品はすべて、新宿のヨドバシカメラか、さくらやさんだ。ポイントカードとか何とか、変なものはたくさんくれる。が、アフターサービスは一切ない。つい最近、私はヨドバシカメラで、デスクトップのパソコンをノートパソコンに買い替えた。インストールが出来なくて、ヨドバシカメラに電話したら、プロバイダーに電話しなさいといわれた。プロバイダー屋さんが来て、その時はうまくいった。が、彼が帰ったら、すぐにおかしくなった。何度もそういうことが重なった私は、ついに近所のパソコン教室へ再入学する。買ったばかりのノートパソコンを抱えて、いまはせっせと教室に通っている。ヨドバシカメラで「安く買えた」と喜んでいたけれど、パソコン教室の授業料にメモリーと電波方式の電池レスマウス（この二つは、パソコン教室の先生にすすめられて買った）を足せば、なんだ、ちっとも安くはなかったじゃないか。

（こんな時代に、年寄りはやっぱり、老人ホームに入るしかないのかなァ……）

ぐずぐずしてはいられない。ふたたび、私は、焦りを感じる。最近読んだフィリップ・グロード神父（函館で三つの老人ホームを経営している方）のコラムに、

「サンフランシスコにある有名なセコヤホームでは、六十二歳から七十六歳の人はホームに入れますが、うっかりして七十七歳になったら、入居を断られます。この年齢基準は、非常に意味深いものがあります」

と書いてあった。

――七十七歳まで、私は、あと半年。

どうすればいいのか？　相変わらず家の中は、少しも片づかない。私は焦る。焦りまくる。

入居後も生活費はかかる

パソコンを買い替えた時、大勢の老人ホーム住人（拙著『子どもの世話にならずに死ぬ方法』の取材で知りあった人々）の言葉を思い出した。

「俵さん。くれぐれも、ぎりぎりの予算で入居しちゃダメよ。月々の費用というのは、食費と管理費だけですからね。あとは全部、ご自分で払うんですからね。冷蔵庫が毀れれば、買い替えるのも自分。旅行も、趣味も、洋服代も、交通費も、慶弔費も、ビールも、ワインも、ケーキも、くだものも……」

「わかった。わかりました。つまり、三食の費用を除いて自宅に居た時と同じだけかかるとい

うことですね」

その時、私はそう答えておきながら、その後、この会話をすっかり忘れていたのだ。パンフレットに、

〈一時金千五百万円、月々の費用二十三万円〉

と書いてあるのを見ると、

(二十三万円？　じゃァ、私の年金で大丈夫だ！　何とかなりそう)

つい、そう思ってしまう。こういうのを、数字のマジックにかかるというのだろう。

でも、現にいま、パソコンが毀れ、新しいのに買い替え、十四万円かかり、ヨドバシカメラまでタクシーで往復し、途中で疲れてアンミツを食べ、帰ってきて軒下に穴をあけてもらい、大工さんに八千六百円払い、光ケーブルに替え、パソコン教室に再入学し、あれこれ買い、結局私は二十万円ほど使ったじゃないか。こういうことが、老人ホームに入っても起こり得る
——そのことを、私はうっかり忘れていた。

こりゃ、大変！

老人ホームに入るということは、いままでお昼を、残り物とコンビニのおにぎりやサンドイッチで済ませてきた食生活に、毎月二十三万円支払うということだった。愕然《がくぜん》とする。

私はもう一度年金を、見直さなくてはならない……。そうだ、家を売ることより、まず年金だ。

あわてふためいて、私は貴重品用の引き出しを開ける。そこに中野区役所から来た「年金通知書」が入っている。近ごろ皆さんは、年金記録で騒いでいる。が、私は年金歴十一年のベテランだ。平成十九年度の私の年金（公的年金は、国民年金しかございません）は月額六万四千円。しかし、そこから介護保険料六千五百五十円が引かれている。だから、手取りは、月に五万七千四百五十円。すっきりと、それだけだ。四十二歳の時、離婚した私には、当時、夫が入っていた厚生年金の分け前はない。

しかし、そのことを、さして不幸だと私は考えていない。三十四歳で脱サラし、自分自身の厚生年金を払い戻してもらった。それを一晩で飲んでしまった。そのことは、私自身の不明の致すところ。自己責任である。四十二歳の時、夫と共に年金が去った。それは私のせいではない。制度のせいだ。だから私は、離婚妻への年金分割を叫びつづけ、闘った。私にとっては三十四年遅かったが、でも、分割制度が実現したのはご同慶の到りである。

しかし面白いもので、私の不明と不運が、結果としては幸運になったのだ。（私には国民年金しかない。だから、老後のことは、すべて自己責任でやらなくてはならない）

四十二歳から自分にいいきかせていた私は、とにかく働いた。七十冊の本を書いた。その中に、一冊、信じられないくらい売れた本があった。私自身の離婚のことを書いた本だった。おかげで〝離婚御殿〟が建った話はすでに書いた。テレビや講演の仕事も、山のようにやって来た。おかげで、お金には不自由しなくなった。普通なら、お金は遊びに使ってしまうものだが、離婚当時、二人の子はまだ小学六年生と三年生だった。母子家庭の母に、遊ぶ時間は全く無い。使わないお金は、民間生保のセールスをしているOさんのすすめで、すべて生命保険に替えた。万一、私の乗っている飛行機が落ちても、子どもたちが学資に困りませんように。祈るような気持ちだった。つまり、背水の陣で、私は働いていたのだ。

十年たって五十二歳の時、はじめて自分自身のことも考えるゆとりが出来た。私は保険のOさんに相談した。

「私には、国民年金しか無いの。どうしよう?」

「だったら、個人終身年金に入っておいたほうがいい」

と彼女はいい、私は素直にOさんのすすめに従った。

「金額は?」

とOさんが聞いた。

「同期の新聞記者が定年まで働いて、退職金をもらい、年金をもらう。その人たちの収入と同じくらいは欲しいなァ……」

と私は答えた。

「じゃァ、六十歳から三十万くらいでいかがです?」

そうやって決めたのが、私自身の個人年金だ。元金総額は、たしか三千四百万円だった。これでやっとサラリーマンと同じ土俵に上がれた。そう思うと、うれしかったことを覚えている。同時にホッと気がゆるんだ。

だが、うっかりしていたのは、税金のことだった。そこから税金を引かれて、手取りは二十七万しかない。支給開始の六十歳になって、やっとそれがわかった。

手に入れた打ち出の小槌

有料老人ホームめぐりをし、少数ながら、気に入ったホームを見つけた。その結果、私が始めたことが二つある。一つは家の片づけ。これは、先月号に書いた通り、少しの進展もない。もう一つは、お金の整理。

共働きでも、働くシングル女性でも、女が働いている時、どうしても手薄になることがある。それは、家計の管理だろう。通常、専業主婦は、夫が稼いできた金を、管理し、使い、増やす役目を担っている。

私たち働く女には、それをやってくれる人がいない。

信じてもらえないかもしれないが、私には家計簿をつけたり、自分の貯金通帳を見たり、投資を考えたりする暇が、皆無だった。興味も、無かった。そんな暇があったら、次の本の企画を考えたり、取材したり、関連する本を読むほうがずっと楽しかった。

というわけで、七十五歳になるまで自分にお金がいくらあるのか、どのくらい必要なのか、私は正確には知らなかった。

老人ホームに入るとなると、そうはいかない。そのころだ。はじめてお金に関する本を読んだのは。

読んでみたけれど、お金の本は、なぜかどれもこれも面白くなかった。「定年後にお金はどれだけ必要か？」なんていう題名の本が多かった。が、こういう話は、だれの参考にもならない。定年になって、ジタバタしても、すでに手遅れだからだ。あるいは「死なない程度」の金の話なんて、読めば怒りがこみ上げる。気が滅入る。かといって、村上ファンドのナントカさんみたいに、シンガポールに豪華マンションを買って移住するなんて、私には縁のない話だし……。持ち金別にアドバイスしていただく、なんていうのもナンセンス。七十六歳にもなって、自分のしたいことぐらい、自分で考えるサ。

友人、知人。顔を見れば、老後のことをきいて回った。しかし、なぜかみなさん、この問題になると、だんまりだ。秘密主義になる。

「あなた、年金、おいくら？　どうやって管理している？」

ときいて、答えていただけたのは、たった二人だった。みなさん、あんまり少ないからいいたくないのか、あんまり多いから秘密にしているのか。さっぱりわからなかった。

仕方がない。銀行さんと相談することにした。母の死後、相続した千五百万円について、七十三歳の時、銀行からアドバイスをもらった。

「あれは、いまのところ、よかったと思っています」

と私はいった。七十五歳の正月だった。

「私がいちばん怖いのは予想以上に長生きすることです。十年寝かせておいて、八十三歳から十五年間、元本保証で変額年金をいただく、あの年金保険は悪くない。九十八歳まで長生きをカバーできたと思うと、あれ以来ずいぶん気持ちが楽になりました」

私は銀行さんにお礼をいった。

「手数料がかなりかかりましたが、出し入れをなさらないなら、ご損にはならないでしょう」

と銀行のセールスマン氏はいう。

「ついでに、いままで、子どもたちを受け取り人にしていた生命保険も見直そうかと思うんですけど……」

と私はいった。

「そうですねえ。もう、お二人とも四十歳を超えていらっしゃる。いまさら、〝学資〟でもないでしょうから」

「〝万一〟の時にそなえて、せっせと生命保険をかけていました。けれど……、もういま、〝いつ万一があっても、おかしくない〟という年齢になってしまいました」

そういってから、私は、ふと思い出した。

九十二歳で母が亡くなった時、母の遺産の中に、生命保険というものが一切無かったということを……。

（あんなに、保険好きだった母が……）

と私は思った。

それは、見事に消えていた。一枚の保険証書も残ってはいなかった。いつだったかは知らないが、母はすべての生保を解約し、自分の欲しい高価なお茶道具に換えていた。

そういう母の生き方に、私は一種のすがすがしささえ感じていた。そのことを思い出したのだ。

（そうだ。あれがいい。私も、そうしよう！）

私は銀行さんにその考えを話してみた。

「いいんじゃないですか？　もう、お子さんは成人なすったのですから……」

彼は生保の解約に賛成した。「ところで、そのお金をどういう商品になさりたいのですか？」

ともきいた。

（私には、母のお茶道具のように、欲しくて仕方がないというものがない……）

と思った。強いていえば、いま、私がいちばん欲しいのは、長い老後をしっかり支える年金設計だ。ふつうのサラリーマン程度の年金では、二つの家（東京と群馬）は維持できないだろう。群馬の家はどうでもいいが、あの、私が人生をかけて作った群馬の〝美しい庭〟だけは失いたくない。アメリカのターシャ・テューダー、フランスのモネに負けない庭を、私は作ったつもりでいる。

「すべて、年金です。私はお金を年金に換えたいのです」

と私はいった。

「すべて?」

銀行さんが問い返す。「それはちょっと無謀じゃないですか? 世の中、どんな変動が起きるかわからない。最後にゼロになる。つまり無くなってしまうのですよ。増えていくんじゃないんですよ。いいんですか? 最後は、ゼロです。契約した年齢より前に死ねば、少々の死亡保障金は出ますけど……」

銀行さんは、くどいほど念を押す。

預けている金はやがてゼロになる。そのかわり、決めた年齢まで、私の収入は元本の範囲で保証される。いや、中には終身年金という商品もある。その場合は、死ぬまでの一定年金が保証される。しかし、死んだら、死んだ時でおしまい。ゼロになる。

「それより、投資信託は、いかがです? 持っているお金を、増やすことを考えてみたらどうですか?」

銀行さんはそうもいった。しかし、一向に私は気が乗らない。

「年金だと、子どもが、親を大切にするでしょう。親が生きていないと貰えないお金ですから……。蓄財は、子どもにとって、親が早く死んでくれたほうがありがたいというお金です」

「そりゃァ、まァ、そうですが……。でも、年金では子どもさんにお金は残りません」

「いいんです。私には〝子孫に美田を残す〟という願望はないんです。自分が稼いだお金は、自分で使って死にたいんです」

押し問答の末、私はすべての生保を解約し、すべてのお金を個人年金に換えてしまった。七十五歳五ヵ月の時のことだ。偶然だが、私の入った変額個人年金には、年齢制限があった。七十五歳六ヵ月。あとで、それを知った。

資産運用だとか、投資だとか、利殖だとか、家賃収入とか、人はいろいろいう。けれど、結局、最後は本人の好みの問題だ。株の値段に一喜一憂するとか、貸し家を持つとか、私はそういうことが一切面倒だ。嫌い、なのである。損、得ではない。打ち出の小槌のような年金が好きだ。

ちなみに、年金化した私のお金は、どうやら老人ホーム、月々の払いプラス生活費として、十分足りそうであった。しめしめ。年金問題だけは、うまくいったぞ。

自分のボケが自分でわかるか

七十五歳の金勘定

終《つい》の棲《す》み家《か》騒動で、確かに、よかったことがある。

三十四歳の時の、『ママ、日曜でありがとう』（処女作）出版以来、心のゆとりを無くした。暴風雨のような人生に巻き込まれた。おかげで、〝金勘定〟などするヒマは、皆無になった。

その私が、はじめて〝お金を勘定する〟という時間を持ったことである。

（なんだ。この程度なのか。殺人的多忙のわりには、たいしたことなかった。やっぱり、ホリエモンにはかなわんな）

という気持ちが半分。

（親から一円の援助も受けず、財産も貰わず、夫の借金も背負い、別れる際には男から一円の慰謝料をいただくこともなく、徒手空拳、女一匹、エンピツ一本、舌先三寸。そうやって「離婚御殿」を建てた。政府なんぞに相手にされず、相手にもせず、自己責任のみで死ぬまで食える（？）年金を作ったゾウ。

——そう考えると、ちょっとばかり、いい気分ではないか）

そんな気持ちも、半分ある。

七十五歳の金勘定以来、私の気持ちは、その半分、半分の間を揺れている。

梅雨空の風鈴みたいだ。楽しい気分である。七十六歳のバアさんに、楽しいことなんか無いだろうと思っている人がいると思う。とんでもないことでございます。キャリア・ウーマン（にもよりけりですが）の終幕は、結構、優雅なものなのでございます。

洗面所がない理由

豪華老人ホームの入居一時金の問題はさておくとしよう。いくら私でも、いま住んでいる家を売らなくちゃ、調達できないということがわかってしまったからだ。

七十五歳の〝金勘定〟でわかったことは、私の場合、老人ホームに入って、毎月毎月の三食費と管理費以外のすべてのお金（こづかい、医療費など。ムダ遣いの好きな私にとっては、これが大きい）は、何とか私的年金でまかなえそうだということだった。

問題は、やっぱり、「家を売る」ということだ。

「売るためには、〝荷物と息子〟を片づけなくてはならない」

それが、この二年間、私を翔ばせない最大の元凶であり、ネックになっている。そのことがだんだん私にはっきりとわかってきた。

友人の樋口恵子に聞いてみる。

「あなたは、老後（いますでに、私たちは老後なのだということを、なぜか私は時々忘れる）を、どうするつもり？　どこかホームに入る？」

恵子さんは、私より一つ年下だ。もう立派に老後である。なのに、やっぱり、自分が老後だとは思っていないらしい。老後という言葉に、格別、彼女の反論はなかった。

「私は、集団生活には向かないから、ホームには入らないわ」

わりあいきっぱりと、彼女は答えた。

「だけど、あなたのところも、あなたが病んだからって、みてくれる人はいないでしょ」

恵子さんの娘さんは、いまのところ同居だ。けれど、バリバリのキャリア・ウーマン（医師）だ。患者はみても、恵子さんをみるひまはないだろう。

「いいのよ。私、寝たきりになったら、ケア専門のホームに入るから……」

恵子さんはさばさばと答える。かなり固い決意と見た。

昔から仲のいい吉武輝子にも聞いてみた。

「私は、家に居るつもり。できる限り、家に居るつもり……」

そういえば、彼女は、先日、大腸がんの手術をした時も、病院のほかは、家に居た。別に住んでいる娘さんが看護師だから、こまかいアドバイスをくれる。その上、彼女には、二十四歳年下のパートナーさんもいる。

――どうやら二人とも、健常型の有料ホームに入る気持ちはなさそうである。

私の場合、健常型の有料ホームに入ろうと思った最大の動機は、亡くなった母と、弟の妻との、積年にわたる確執であった。お互い、好きではない人間同士が、介護関係に入ることの難しさ。しかも不運なことに、母の病気は寝たきり七年。母も辛かったろうが、弟の妻も辛かったろう。母にとっては、好きではない嫁に対して、へつらい、無条件降伏するまでの七年間だった。弟の妻にとっては、子育てが終わり、さて、これから花の中年（第二の青春）を楽しもうと思った矢先の不運だった。彼女にとって、失われた七年間は永久に戻らない。

それを見ていて、私はホームに入りたいという思いを強くした。が、考えてみれば、私には〝嫁〟という存在はいないのだ。樋口さんにも、吉武さんにもいない。私たち〝三人組〟には、自宅で居心地の悪くなる人物がいない。いまごろ、やっとそれに、気がついた。

（だったら、樋口方式も悪くないかも知れないんだわ）

と私は思った。

そういえば、私の前著『子どもの世話にならずに死ぬ方法』の中で、介護専門のケアハウスは、あまり取材をしていない。老人ホームを百ヵ所も回ったのに、グループホームを入れて、ケアハウスは二十ヵ所くらいしか回っていない。

（なぜだったろうか）

考えると、あまり、取材に行く意味が無かったというか、行きたくなかった、というべきか。介護専門のケアハウスは狭い。そのかわり、安い。行って楽しめるという場所ではない。前著にも書いたように、大部分は、バブル時代に、大企業が作った独身寮だ。ほとんどそれをそのまま使っているところが多い。「金の卵が、銀の卵に変身したというわけですな」。まるでうまい洒落《しゃれ》でも見つかったという表情で、話した職員がいたっけ。鳥の巣箱のように、狭いシングルルーム。洗面所もバスも、トイレもない。昔の木賃アパートが鉄筋になっているだけだ。

「どうして、トイレと洗面所くらい、作らないんですか？」

と聞いたら、

「だって起きられない方ばかりですから、必要ないでしょう」

お前、バカか……という目で見られた衝撃を、いまでも私は忘れない。

お風呂も、しかり。

歩けない人には、個室の風呂はいらない。共同風呂へ、車椅子で順番に連れていけばいいからだ。

（だったら、もう一度、私は、頭の中を整理してみよう。寝たきりになってからのケアハウス

を中心に、もう一度ホームを調べ直してみよう）

法定後見人とは？

それはそれとして、気になることが二つあった。

仮に〝恵子方式〟で、ぎりぎりまで〝わが家〟でねばる。ぼけた時、あるいは歩けなくなった時、ケアハウスに入るとしよう。でも、私は自分がぼけたということがわかるのだろうか。立てなくなった。歩けなくなった――というのはわかるだろう。私の母は、八十五歳の四月のある朝、

「萠子。どうしよう！　急に、歩けなくなった！」

切迫した声で、大阪から東京の私に、電話をかけてきたもの……。

でも、そのあと、すぐ起こった、病院内、深夜の徘徊《はいかい》、「嫁に殺される！」と騒いだ事件については、七年間ひと言も触れずに亡くなった。

自分がそろそろ「ケアハウスへの入り時」だということは、だれが判定するのか。わが家に住んでいる障害者の息子だろうか。息子には、睡眠薬依存と、うつがあって、二級の障害者手帳を持っている。私はむしろ、息子に法定後見をつけたいくらいである。とても息子が、私の任意後見人になれるとは思えない。娘は、別の処に住み、自分の生活と子育てに精いっぱい。母親のことにかかわる暇はない。

（すると、やっぱり、アレか？）

と思ったのは、Nさんのことだった。

地方に住んでいたNさんは、四十代なかばで離婚した。単身上京した未知の彼女の就職を、お世話したのは私だった。当時私は「女性の自立を支える会」、平ったくいえば離婚相談やDV防止、駆け込み寺の運動を熱心にやっていたからだ。

自分の問題が片づくと、立ち去る人が多い中で、Nさんだけは、いつまでも私への感謝を持ち続けてくれた。定年まできちんと仕事を続け、定年延長の分まで勤めあげた。

そして、自分へのご褒美に、手頃なマンションを買い、これから残る人生はボランティアと、自分の楽しみのために使いたいといった。

「その前に、一つ、しておきたいことがあるんです。私は独り暮らしですから、病んでも、死んでも、周囲が困らないようにしておきたい。どうしたらいいですか」

という話になり、私は平成十二年四月に出来たばかりの「任意後見」をしておいたら？　とおすすめした。

当時、介護保険に比べると、成年後見法（任意後見はその中に含まれる）はあまり知られていなかった。

私にも、正確な知識は少なかった。二人で勉強したようなものだ。Nさんは、市役所から公証役場を教えられ、公証役場に合計三回通った。⑴尊厳死宣言、⑵遺言状作成、⑶後見人決定、

⑷後見人の継続的見守り契約。その四つの契約を結んだ。

平成十五年四月三十日、すべての契約が成立した日、彼女は公証役場の所長、彼女より十二歳年下の司法書士（この人が彼女の後見人）、その人の女性秘書の三人を招き、一席設けて、祝宴を張った。その時の祝宴代まで含めて、彼女の場合は、五十万円でおつりが来た。それほど高くはなかったといっていいだろう。ただし、これは、持っている資産によって、お値段は変わってくるのだそうだ。

以来、Nさんの〝ミスター後見人〟とは月に一回の電話、年に一回の食事という〝見守り契約〟が続けられている。この継続的見守り契約は、年額三万六千円だという。

「いまのところ、あなたはピンピンしている。ひょっとすると、あと二十年は大丈夫かも知れない。なのに、毎年三万六千円払い続けるのを、バカバカしいと思うことはない？」

ついケチなお話を私がすると、彼女は笑った。

「年に三万六千円というと、高いと思うかも知れないけれど、月になおせば、たったの三千円よ。たったの三千円で、いざという時、駆けつけてくれ、いつも見守ってくれている人がいるって、いい気分よ。私の携帯電話には〝センセイ〟の電話番号が①の省略で入っています。〝センセイ〟にはマンションの鍵も預けてある。いざという時は、①を押して、何もいえなくても、〝センセイ〟は飛んで来てくれる。そのあとには北里病院との献体契約がある。あとは灰になって、散骨してもらうだけ。すべて約束は出来ています。心強いわよ」

そのNさんが、最近、Mさんという、ほぼ同年代の女性といつも一緒に歩くようになった。赤城の森の私の美術館まつりにも二人でやってきた。近々ヨーロッパツアーにも一緒に行くのだという。

「まるで、きょうだいのように仲がいいのね」

私が冷やかした。

「そう。私たち、〝後見姉妹〟なのよォー」

とNさんがいう。

つまり、最近のある日、後見人（二人の後見人は同一人物）のYさんから紹介され、二人はすっかり意気投合したのだそうだ。こういうのを、後見制度の副産物というのだろうか。

介護の沙汰も金次第

自分がぼけたかどうかを後見人に見つけてもらうのはありがたいが、疑い深い私は、まだまだ、安心できない。かりに油断のならない、息子や娘が居るとする。後見人の目をかすめ、ぼけた親の年金をちょろまかし続けるということだってあり得る。

老人ホームの取材をした時、悲しかったことがある。ほとんどの親が、自分の金の使い方を、自分で決定出来ないという事実を見たことだ。

あるケアハウスを取材した時だった。

そのケアハウスは、私も気に入っていた。「〝その時〟が来たら、入ってもいいな」と思うくらいのケアハウスだった。あまりにも、IT化され過ぎているのが難点といえば難点で、たとえば、一定時間以上、のんびりと便器に座っているとする。するとすかさず、ナースステーション嬢が飛んでくる。

「どうされました?」

安心して下痢を楽しむ(?)ことも出来ないという難点はあった。が、私は、〝その時〟にそなえ、いまから予約しておこうかと思うくらいだった。気に入っていた。

ほかにも見学に来ている親子が、何組かいる。息子が車椅子を押し、その妻が横についている。親子二人だけというのもいる。

「ここは一時金が安い(といっても千五百万円だった! 筆者注)から、ここにしようか。このくらいの金額なら、いま持っている私の貯金で足りるから……」

車椅子の母親がいう。

「えっ? 母さんの貯金、全部おろしちゃうの?」

息子が体をかがめ、車椅子の母親に顔を近づける。

「…………」

答えている母親の声は聞こえない。

やがて、息子が体を起こし、隣にいる妻とひそひそ話し合う。そして、次の息子の声だけが、私には聞こえた。

「お母さん。もったいないよ。そんな、大金をはたくなんて……。そんな金を使うくらいなら、俺たちが家で世話してあげるよ……」

あの時の、あのおばあさん(といっても、私と同じくらいの年だが……)は、その後どうしているだろうか。

一見やさしそうに聞こえるあの言葉をいった息子は、ほんとに家で、やさしく母親の世話をしているだろうか。そして〝嫁〟と思われる人は、どんなふうに面倒を見ているのだろうか。

あの時、なかば強圧的に息子が〝使うな〟といった千五百万円はどうなっただろう。いまは、息子と嫁の懐に入っているのかも知れない。

もう一つの例もある。

知人のBさん(療養中)が、独り暮らしをやめて娘さんの一家と同居するという。結婚している息子がいるのに、娘さんの家に行くという。

「娘さんが、おいでといったの?」

と私は聞いた。私の見るところ、息子さん夫婦も、表面的には、やさしくしているように見える。世話もしているように見えるからだ。

「やっぱり、嫁より、娘の方が気が楽だから……」

とBさんはいった。そして、小さな声で、私にささやいた。

（娘に、一千万円ほど、生前贈与したの。だから、世話になるの……）

そうか。介護の沙汰も金次第なのか。

先に、こっそり札束を渡しておかないと、わが子からさえ面倒を見てもらえない世の中になってしまったのか。だったら、その一千万円をケアハウスに払ってもいいのではないか。いや、どちらがやさしくしてくれるんだろう。

ますます、私はわからなくなってきた。


やっぱり、専門家のところへ、相談に行こう。Nさんのように、最初に、最寄りの公証役場に飛び込むか。

でもなァ。わが家では、コトある毎に世話になっている弁護士が一人いる。離婚は別の弁護士を頼んだけれど、その後テレビで一緒になり、何となく意気投合した木村晋介という人物がいる。子どもがゴタゴタを起こすたび、私が大交通事故を起こした時も、友人の遺言状騒ぎの時も、私が都知事選挙に出るか出ないかという時にも、なぜか、彼がそばにいた。

その後、私は中山二基子弁護士とも仲よくなった。中山二基子さんは、成年後見法の権威だ。東京の虎ノ門に「市民のための成年後見センター　銀のつえ」も作っていらっしゃる。

どちらへ相談に行くべきか。散々迷った挙句、私の足は、やっぱり木村晋介弁護士の方に向いた。わが家の事情を、一から説明する手間が省ける。それが魅力だったからだ。

最後まで自己決定をし、自分らしく生きたい

俵萠子美術館の催しで挨拶をする著者（2007 年 8 月 15 日）

〝モエコ財団〟だって？

そろそろ遺言状を

木村晋介法律事務所は、地下鉄「新宿御苑前」から歩いて五分くらいのところにある。

なのに、私は何度来ても、場所を覚えられない。「新宿通りを四谷に向かって左へ入り、二本目の道を右に曲って右側のビル」と覚えている。ところが肝心の左へ曲る〝角の目印〟が、いつもわからない。角の店や銀行の名前が、来るたびに変わっているからだ。二十年余のおつきあいで、とくにこの十年がひどい。バブル崩壊、〝失われた十年〟が中小企業を一変させたからだ。

今回も、また迷った。あらかじめ、電話で「任意後見のことで、ご相談したい」とお伝えはしてある。

（とうとう、この日が来たか……）

そういう心境だ。二〇〇〇年に、成年後見法が出来、老人ホームの取材をはじめて以来、いつか、だれかに、後見人のことを相談しなくてはと考えていた。二〇〇七年七月二十四日が、〝その日〟になった。

木村さんは、というべきか、弁護士は、というべきか。じつにテキパキ、ことを運ぶ。この日、木村弁護士は、最初から司法書士さんを連れて、応接室に現われた。私は、用向きをもう一度、丁寧に話す。木村弁護士は、拙著『子どもの世話にならずに死ぬ方法』をすでに読んでいらしたので、話が早い。驚いたのは、話しはじめて五分もたたないうちに、「テープをとっていいですか？」と聞かれたことだ。何のためなのか。それとも、弁護士は、いつもこういう方法で仕事をするものなのか。よくわからない。が、「どうぞ」と答えた。

私は、一方的に話した。「そろそろ正式な遺言状を書こうと思う」「有料老人ホームに入ろうと思う」「そのためには、家を売る必要がある」「でも、本当は売りたくない」「自分で稼いだ金は、自分で使って死のうと思う」「幸い、贅沢をしなければ、死ぬまで年金で暮らしていけそう」「ボケた時のために、後見人がほしい」「その人と子どもたちの折あいをうまく調整したい」「私の人生が終わった時、残った物がもしあれば、子どもたちに分けたい」などなど。機関銃のようにしゃべった。頭の中が整理されていない。しかし私は、整理されていないまましゃべった。

ゃべった。

黙って私の話を聞いていた木村弁護士は、やがて交通整理のおまわりさんのような表情でいった。

「だったら、俵さん。あなたの場合は、遺言状ではなく、近々施行される新しい法人法で、〝タワラ・モエコ財団〟というのを作ったらどうです？　その財団で、あなたのおっしゃったようなことを実行されたらいいと思う」

態度は冷静、沈着だが、口から出てくるお言葉は、きわめて奇想天外なものであった。

完璧なシステムはない

「タワラ・モエコ財団？　私が、財団を作る？」

おうむ返しに、私は〝財団〟という言葉を復唱した。

社団法人とか、公益法人とかいうのは、いくらでも聞いたことがある。何十億とか、何百億とかの資産を運用し、世のため、人のために尽す法人格だと私は理解している。それと、私の遺言状やボケた時のための後見人と、どういう関係があるの？

最初、木村弁護士が私をからかっているのか、と思った。しかし彼は相変わらず、交通整理のおまわりさんのように、まじめな表情である。

「いや、実際、長い間、弁護士をやっていると、俵さんのような要求のすべてをぴしっとみたすには、かなりのテクニックが必要だと感じているんです。

いままで使われてきたシステムは、どこか、それぞれに欠陥がある。老後の不安、自分の死後の紛争の予防、公平な遺産の分配など、さまざまな局面のすべてには対処しきれない。

たとえば、いちばん典型的なのが、遺言です。遺言の限界は、まず、遺言は死ななければ、効力が発生しないということです。死後のことしか管理出来ない。生前や人生の終末期に対して、まったく無力なのです。〝尊厳死宣言〟は、それを補うものです。けれど、あれは、長い老後の中の最後の一瞬の問題でしょ」

「そうか……。そうですよね。遺言状は、人が死んでから、開けるものですよネ。生きてる間に、こうしてくれ、ああしてくれと書いておいても、無駄です。無意味です。それはわかります」

私は、うなずいた。必ずしも、私をからかっているわけでもなさそうだ。横に座っている司法書士さんも、神妙な顔で聞いている。

「次に、〝遺言状には、鍵がかからない〟」

「えっ？　〝鍵〟？　公証役場に入れといてもらえばいいんじゃないんですか？　それとも、自宅の金庫の中に入れて、鍵をかけておくとか……」

「その〝鍵〟じゃないんです。たとえば〝弄便〟といって、自分の便をいじくりまわすような段階の人がいる。その人が、公正証書遺言を作ったというケースがありました。その遺言の効力について裁判で争ったのを担当しました。遺言は、日付けの新しい物ほど効力があるということになっています。しかし、病み、呆け、体力も、気力もすっかり衰え、弱者になりきった頃、枕元で、せきたてられる。そうやって「書かされた遺言」というのがたくさんあるんです。法律的には〝遺言能力〟といいます。そういう遺言状を書いた人に、その時遺言能力があったか、なかったか。それが争点の裁判がたくさんあります。しかし、その時、その人に、遺言能力がなかったという反証が出来ない限り、裁判は負けです。結局、日付けの新しい遺言状が〝勝ち〟になります。

〝鍵がかからない〟というのは、そういう意味です」

私も、その辺までは理解できた。しかし、それがなぜ「タワラ・モエコ財団」につながるのか。チンプンカンプンである。

結局、この日、私は六法全書の三二一九ページ「一般社団法人及び一般財団法人に関する法律」をコピーしていただき、とくにその第三章をしっかり読むという宿題をいただいた。ついでに、木村弁護士著『遺言状を書いてみる』(ちくま新書)も読みなおす。それも、宿題になった。

別れ際、木村さんが私にいった。

「ぼくは近々、〝遺言状の時代は去った〟という題で、本を書こうと思っているんです」

遺言状を作ってもらおうと思って、私は彼のところへ行った。でも、もしかしたら、私は行くところを間違えたのかも知れない。

〝マイ信託〟という手

弁護士か、公証役場か、〝銀のつえ〟か、とにかくそういうところへ電話をかけ、予約をとり、コーヒーでも出してもらって、アレコレしゃべる。そうすれば、専門家が遺言状や後見人問題を片づけてくれるのかとばっかり思っていた。問題は〝ふんぎりと、行く労力と時間と少々のお金〟なのかと思っていたのだ。大当てがはずれた。

生まれて初めて、六法全書と首っ引きの毎日がはじまった。宿題の本も読んでみた。

そしてようやく、木村さんのいう「タワラ・モエコ財団構想」が、おぼろげながら、姿を現わしてきた。それは要するに、信託法の中の「民事信託」という考え方を応用しているようだ。

木村さんの説明を再現する。

「近々、法人法が変わります。いままで公益的なものにしか認められなかった財団法人が、私益的なものにも認められるようになります。

また、信託法も来月（二〇〇七年九月）、変わります。銀行のような営利法人がやる営業信託を中心に、規定がされていましたが、特定の個人のための法人でも出来る〝民事信託〟についても規定が整備されます。で、この二つをドッキングさせることを考えました。

つまり〝モエコさん専用の信託事務を行う財団法人〟を作るんです。これはまだ、日本では、だれもやっていません。でも、法的には、出来るようになるんです」

木村弁護士の目はらんらんと輝く。燃えている——という感じだ。法律家というものは、新しい発想を発見した時、興奮するものなんだろうか。

「つまり、〝マイ信託会社〟の設立ですよ。そもそも、英米では、信託制度というものは、高齢者の財産を、高齢者自身や障害者、その子孫のために、どう安全、かつ有効に使うかというところからスタートしているんです。

俵さんの資産を、俵さんのいちばん元気な時の考えに従って、将来こういう風に使ってほしいという憲法のようなものを作る。それに従って俵さん専用の法人を設立する。そしてその法人に、俵さんの資産を移してしまう。それは同時にモエコさんがボケても、モエコさんの財産は安全に守られる。悪い人に、ニセの遺言状を書かされ、資産をのっとられるという心配は絶対にない。

どうです？　このアイデア？」

木村弁護士は、私を見て、満足気にほほえんだ。

しかし、その時、私はまだほとんど理解できていなかった。ただひたすら、意外なコトの成りゆきを、アッ気にとられているだけだった。しかし、たくさんの〝木村宿題〟を勉強しているうち、おぼろげながら木村弁護士のイメージがわかりはじめた。

たとえば、いま私は、いくつかのＮＰＯ法人に関係している。ＮＰＯ法人には、定款というものがあり、それに従って、理事や監事が総会で民主的に選ばれる。何事を決定するにも、定款に基づき、理事会の決を経なければならない。

木村さんのいう「モエコ財団」も、似たようなものではないのか。木村さんは、その財団の定款は、モエコさんの考え方に基づいて作られ、モエコさんがボケない間は、モエコさんが理事長だという。ボケたら、モエコさんは解任され、後見人を含めて、新しい理事を選びなおすという。

希望の光？

二度目の会合が木村事務所で持たれた。第一回から約半月たった八月六日のことだった。木村弁護士は、今回は一人で現われた。前回のテープを起こした紙を持参している。小さな字で、びっしり四枚の原稿にまとめられている。

「かなり難しかったのですが、私なりに努力して勉強し、少しだけイメージが湧いてきました。細かいことはもっとお聞きしないとわかりません。が、それはまア、後回しにします。法律にはしろうとの人間として、感想だけをいわせて下さい」

私は、一気にしゃべった。

「ご感想は？」

「ええ。まっ先に思ったことは、〝財団〟だなんて、大袈裟《おおげさ》で気恥ずかしい。大金持ならいざ知らず、年金のほかには、家二軒（注・離婚御殿と赤城の美術館）しかない人間が、財団だ、信託だなんて……」

「東京の家は、どのくらいの価値があるんですか？」

「さア。わかりません。バブルの頃は高かったけれど、いまは、どのくらいの値がつくんでしょうかネ」

「あ、それは、簡単です。不動産鑑定士を派遣しましょう。赤城の森は、いかがです？」

「あれは、主観的価値は高いのですけれど。つまり、こよなく愛している土地ですから……。でも、売るとなると、二束三文でしょうね。しかし、あれだけは売りたくない。あの庭は、私の人生の最後の作品ですから……」

「わかりました。で、ほかの感想は？」

こういう時、弁護士のモノのいい方は、きわめて事務的だ。

「木村さんは、人間の考え方は、健康で、正常な時のものがいちばん正しいというお考えのようです。が、私は、必ずしも、そうは思いません。弱い時も人間、強い時も人間だと思います。強者の時のモノの考え方だけが正常ではない。弱者になった時の考え方も、人間のモノの考え方だと思います。

そして、人間というものは、きのうと今日で気持ちがころころと変わる動物です。それが人間です。定款だの、財団だの、理事会だので縛られるのは、窮屈だという気がします。いくら私が理事長の財団でも……」

「あぁ、それは大丈夫です」

木村弁護士が私を遮った。「モエコさんの判断能力が健常な間は、信託契約の変更でカバーできます。それに、定款や信託契約は憲法ですから、ある程度、幅を持った書き方をしますからネ。ほかに、ご感想は？」

「ひとつ、そうだなァ、と思ったことがあります。私はいままで、自分が死んだら、あとは野となれ、山となれ……と思っていました。が、やっぱり、子どもや親族には、出来ればもめてほしくないですよね。仲よくしてほしい。あとがもめるような遺言状を書いたり、放ったらかしで死ぬというのは感心しない。こういう財団を作ると、第三者の目や意見が入りますから、紛争を防止できるのではないか……。そう思いました。

もうひとつ、あります。

やさしい子が損をしない。つまり、親の面倒をよく見た子には、それなりの評価と報いがある。そういうシステムが、この財団なら出来るかも知れませんネ」

「そう。第三者の目と評価が入りますからネ」

今日まで私は、体力、気力衰え、弱者になった時、私には、子どもへの正当な評価や報いを実行する力はなくなるという前提で、ものごとを考えていた。

（親孝行をする動物なんて一種類もない。人間だって動物だから、親孝行という本能はないに

決まっている。親孝行という概念は、人間が教育によって、後天的に押しつけようとした徳目に過ぎない）

と考えていた私にとって、財団機能の新しい力は、弱者になった時の親の、味方になる可能性を感じさせた。

「俵さん」

突然、木村弁護士が私に呼びかけた。

「モエコさんは、どなたか、信頼できる精神科医をご存じですか。このプロジェクトには、どうしても、優秀な精神科医が一人、必要です」

即座に私には、〝ある精神科医〟の顔が思い浮かんだ。が、名前は出さなかった。その人が、こんな珍妙なプロジェクトを理解し、協力してくれる人かどうか、皆目、見当がつかなかったからだ。

「私がボケたかどうかを、判定する人が必要だという意味でしょう。でも、私だって、木村さんがモウロクしたかどうか、判定する人が必要だと思っていますよ。でも、その精神科医自身がボケた時は、だれが判定すればいいの？」

ここで木村弁護士と私は、大爆笑になった。

「早く財団を作って、年に二回くらい、理事会兼食事会を開いて、お互いジロジロ観察しあう――というのは、楽しいかも知れませんね。〝ボケる、ボケる〟って、あんまり木村さんからいわれて私、口惜しい。私は心臓マヒであっさり、早く死にたくなった！」

ここでまた、私たちは爆笑。

最後に木村さんは、もう一度、信頼できる精神科医を見つけるよう、私に念を押した。

「このプロジェクトには、もう一人、信頼できる公認会計士か税理士が必要です。それは、ぼくに、心当たりがあります。もちろん、弁護士も一人必要です」

「あー、それは、木村さん。やってくれるんでしょ？」

「はい。ご指名とあれば……」

いつの間にか、ふだんの木村ペースの、リズミカルな会話に戻っていた。

木村さんと別れての帰り道、私は彼の言葉を、もう一度思い出していた。

「つまりネ。ぼくは、従来通りの遺言と成年後見でいくやり方を、全面否定するわけではありませんよ。ひとつの新しい選択肢をお示ししただけですから、じっくり、ゆっくり考えてみて下さい」

なんだか、大山鳴動、またしても宿題一匹……という気分であった。

入ってみたら、落とし穴が

ようやく見つけたホーム

有料老人ホームさがしをしていると、友だちが出来る。

（あら。あのおじいさん。また、来てる。前に会ったのは、××ホームの見学会の時じゃなかったかしら……）

大資本の新しいホーム見学会には、送迎バスがつくことが多い。駅前でバスを待っていると、また〝あのおじいさん〟に出会ったりする。

当方も、シングルだ。

やがて話をするようになる。お互いの情報や感想を交換する。

「今度、都庁で有料老人ホームセミナーがあるんですけど、いらっしゃいませんか？」

「そうですか？　いつですか？」

もし、私が脚本家か、映画監督なら、そこから始まる物語を映画にしたい。昔、キャサリン・ヘプバーンの何だっけ、そう、『旅情』という映画があった。

百ヵ所も老人ホーム見学をしていると、実際にそういう男女の出会いがある。私にも、あった。ところがある日、そのおじいさんは、老妻を連れて、バスの中に座っていた。

「ご紹介します。家内です。きょうは彼女の体調がいいものですから、一緒に連れてまいりました」

バカ丁寧に挨拶され、何だかがっかりしたことを覚えている。

女の友だちも出来る。

Mさんは、ホームさがしのキャリアも、年齢も私より先輩だった。行動力がある。私は彼女の情報で、ずいぶんあちこちの老人ホームを見学させてもらった。

そのMさんから電話がかかったのが、一年前だった。

「とうとう、入居しました。千葉県のSホームです」

それは、私の知らない名前のホームだった。千葉県と聞いて、やっぱり、と思った。Mさんはずっと千葉県に住んでいたし、千葉県には自宅がある。Mさんはその家の一階と二階に分かれて、長男一家と住んでいた。

人間は年をとればとるほど、土地カンがあり、身内や友人の多い場所に住みたいものなのだ。

Mさんと、私の母のケースは、似ていた。ともに、長男家族との同居。いわゆる三世代同居だ。そして、どちらも嫁と姑の折り合いがよくない。私の母は、昔、元気な頃、よくこういった。

「もう、〝二階〟とは、一ヵ月も顔を合わせたことがないのよ。声も、聞いたことがない。一つ屋根の下にいるのにねェ。毎日、下へ降りて買い物に行くんだから、ちょっと声をかけて、〝ついでに、何か買ってくるもの、ありますか？〟くらいいってもいいでしょうが……」

また、その話か……と私はうんざりしながら聞いていた。母は弟の妻のことを〝二階〟と呼んでいた。

Mさんは、それがもっと徹底している。お嫁さんとは、十五年間口を利いたことがない。挨拶をしたこともないという。はじめからそうだったわけではない。お互い、意地を張り合っている間に、そうなってしまったのだろう。

ただ一つ、わが家と違うところがある。母の場合、住んでいる家は担保に入っていなかった。だから、自宅を売って、高級ホームに入ることも出来た。なのに、私の母は、老人ホームを選択肢に入れようとしなかった。あげくの果てに、寝たきりとなり、嫁への無条件降伏まで、七年間のプロセスを経た。最後はたった一人、病院で亡くなった。看護師が母の死を発見したのは、母が息を引きとったあとのことだった。

Mさんの場合、住んでいる家が担保に入っているという。名義はMさんだが、事業をしている長男が家を担保にして、融資を受けた。Mさんは〝私の知らぬ間に長男がやったのよ〟と話しているが、他家のことだから私にはわからない。

とにかくMさんは、ホームを探していた。アパートや教員時代の年金があるMさんは、月々の生活費には困らない。しかし、家が担保になっているから、売って一時金を作るわけにはいかない。

そんなわけでMさんは、一時金の安いホームを探していた。とうとうそれが見つかったという。

「よかったですね。場所もいいし、一時金も安いし、さすがMさんだわ。努力の甲斐がありましたね」

私は心から称讃を送った。

伏兵、ここにあり

それから二ヵ月たった朝、私はSホームのMさんに電話をかけた。ゆっくり新居の住み心地を聞きたかったからだ。

「ちょっと待って。いま洗濯物を干しに行くところだから……」

「じゃァ、三十分して、もう一度、かけますね。長話になりそうだから……」

と私は答えた。

三十分後、Mさんは電話口で待っていてくれた。第一声はこうだった。

「とにかく口うるさい人がいて。イヤ。このホームは……。

入居して一週間くらいの時、食事に行ったの。席は決まっているんだけど、私の席には別の人が座っていた。どうしようかと思ってウロウロしていると、〝ここにいらっしゃーい〟というお声がかかった。ホッとしてその人の隣りに座ろうとした。すると、見知らぬジイサマがすっくと立ち上がり、ハッタと私を睨《にら》みつけた。大音響でいったんです。

〝ルール違反をしないでください！〟

そうかと思えば、またある日。私は食べ物の好き嫌いがはげしいの。その日は自分の好きなおかずを持って食堂へ行った。さて、食べようと思ったら、また、例のジイサマです。立ち上がって、大音響で怒鳴った。

〝ルール違反をしないでください。食中毒が起きたら困るだろ！〟

そんなことをいい出したら、食べ残したものを、自分の部屋に持ち帰って、こっそり食べている人がいる。それだってルール違反でしょ。食中毒が起こるかも知れない。それは、どうなのよ。そういいたかったけれど、とにかくガマン、ガマンと思って、ガマンしてるの。

ここには温泉がある。朝、空いているので行ってみた。手前から二番目のシャワーにかかっていると、

〝そこは、使う人がいるからダメです〟といわれる。ほかに人もいないのに、何でそんなことといわれるんです？　どのシャワーだろうと、いいじゃないですか。

もっと陰湿なのは、私が風呂に入っていると、四、五人で入って来て、出る時、わざと電気を消して出ていく。私ははだかのまま、自分で電気をつけに走らなくちゃならない。

洗濯だってそうです。

洗濯場には、イスが二つ置いてある。いつも、そこに座ってしゃべっている二人がいる。そのうちの一人が、いちいち洗濯の仕方に文句をつける。ある時、うるさいので、洗濯機を回しておいて、ほかの用を足し、戻ってきたら、私の洗濯物だけが外へほうり出され、別の人の洗濯物が洗濯機の中で回っていた。こんなの、イジメというんですか？　いやがらせというんですか？

ついこの間のことです。洗濯場で、ハンカチにアイロンをかけていたら、〝ハンカチなんかにアイロンはいらない〟って、その洗濯場のバアさんがいうんです。さすがにカッときて〝私は、かけるんですッ〟と怒鳴り返してやりました」

Mさんの話は、延々と続く。彼女が〝バアさん〟というと、悪いけれど、私はおかしくなる。自分だって、バアさんなのに……と思ってしまうのだ。が、この場合のバアさんは、どうやら老人差別のほうの〝バアさん〟らしい。そういえば、若者に対しては若者差別の言葉はないのかな。いや、ある。〝青二才〟とか〝若造〟とか〝小娘〟とか……。どうでもいいことだけれど、どうも世代間には、差別と憎しみがあるようだ。なぜかしら？

など考えながら、延々続くMさんの怒りと愚痴を聞いていた。そのうち、私は老人ホームさがしがイヤになってきた。

Mさんは、よく勉強していた。調べていた。体験入居もしていた。ショートステイもしていた。あちこちへ、デイケアにも出かけていた。

そのMさんが、調べに調べ、ここでいいと決断したところに、思いもかけない伏兵がいたのだ。人間関係という、目に見えない障害物だ。人間関係だけは、数字には出ない。パンフレットにものらない。三日や一週間、体験入居したってわからない。調べようがない。

しかしこの伏兵は、かなり厄介なシロモノではないのか。

気の合う人と、過ごしたい

結論からいえば、Mさんは、いま、心を鎮めるため、毎日写経をやっているという。そんなことで鎮まるものなのかどうか。私はふと、友人の樋口恵子さんの言葉を思い出した。

「あなたは、老人問題をこれだけ研究していて、有料老人ホームに入ろうと、一度も思ったことはないの？」

と私が聞いた時のことだ。

「思わない」

びっくりするほど明快に、彼女が答えた。

「どうして?」

「だって、私、集団生活に適応できる性格だとは思わないもの。それに生活だって、特殊だし……」

「それじゃァ、家で死ぬつもり?」

「どうしても家に居られない状態になったら、介護専門のホームに入ることはあるかも知れない。けれど……」

ホームに入るタイミングとして、まだ元気な時に入る選択と、寝たきりになってから入る選択の二つがある。恵子さんは、はっきり後者にすると決めているようだ。私は、まだ決めていない。〝明らかに死ぬためのホーム〟をさがすのは、何としても気がすすまない。ホームさがしにも、多少の夢が欲しいのだ。

もう一人、私には尊敬している友人がいる。NHKの解説委員だった村田幸子さんだ。いまも福祉ジャーナリストとしてご活躍だ。彼女にも、聞いたことがある。

「あなた、老後は、どこで暮らすつもり?」

村田さんはシングル。いまのところ、お母さまと東京で二人暮らしだ。草花の好きな人だ。赤城の森暮らしを愛する私と、その点でよく気が合う。

「私は、有料老人ホームはいやなの。どこにでも派閥があるし、いやな人とも、多少折れ合わなくてはならない。あれは、最後の選択肢じゃない？　有料ホームは人間関係でいうと、寄り集まりの仲間集団ですよね。私はオーダーメイドの人間関係で暮らしたいの」

「オーダーメイドって？」

「気の合う人たちと、グループホームというか、コモンルームというか、そういうものを作りたいの」

事実彼女は、気の合う仲間十人くらいで、その頃京都に土地をさがしていた。もう二年くらい前のことだ。すでに実現に向かって踏み出しているのかも知れない。

そういえば、前著を書く時、私が取材した老人ホームで、数人の友人が出来た。その後も彼女たちとつき合っていて、ふと、気がついた。彼女たちは、あまり、同じホームの人たちとつき合わない。その理由をある時、聞いたことがある。

「わずらわしいのよ」

というシンプルな答えが返ってきた。

どういうふうにわずらわしいのか。まだ私はわかったような、わからないような気持だ。たとえばそれは、私の家への客の出入りや、私の動静や、うちに届く宅急便をじっと見張っている近隣の人がいる。そんな感じなのであろうか。だとすれば、やっぱりいやだなァ。ホームというところは。

地獄はどっち？

気になって、最近またMさんに電話をかけた。しばらくご無沙汰していた間に、Mさんの声は、少し落ち着きをとり戻したように感じた。

「やっぱり、一年で、ホームを出ますか？」

と私は聞いた。前回話した時、彼女は、〝一年でこのホームを出ようかと思う〟、そういったからだ。べつのホームに移ろうかと迷っていた。

彼女の場合、一時金がほとんどないホームなので、それは不可能ではない。それに、〝嫌いな嫁〟がいるといっても、家を売っ払ってホーム入りしたのではない。帰るべき家はある。つまり、退路が断たれていないから、救いがある――と私は思っていた。荷物も家に置いてきた。だから、引越しは、そう大変ではない。

「私、いま、ホームの外へ、習い事に行ってるの」

とMさんがいった。

「何を、習ってるの？」

「日本画」

「日本画？　あなた、日本画が好きだったんですか？」

「好きじゃないけど、グループに属さないと、いじめられるから……」

そうか。やっぱり〝いじめ〟があるのか。世界中、どこへ行っても〝いじめ〟のない場所はないんだ。老人ホームにもいじめがある。そのうち老人ホームの〝いじめ自殺〟なんてのが出てくるかも知れない。

でも、ふと疑問に思った。

「どうして、ホームの外へ、習いに行くの？　グループに属するためだったら、ホームの中でやったほうが、仲間が出来るんじゃない？」

すると、意外な答えが返ってきた。

「ここのホームは、ホームの中でお金をもうけちゃいけないんです。月謝をもらって教えちゃ、いけないんです。それで、日本画の先生のTさんは、はじめ入居者だったんですが、このホームを出て、近所のマンションに引越しました。それで、私たち入居者は、Tさんのマンションまで習いに行くんです」

「へえ！　どうしてもうけちゃいけないの？　どうして働いてはいけないの？　どうして稼いじゃいけないの？　私なんか、稼ぐのが、いちばんの生きがいなんだけどなァ。私のモットーは〝生涯現役〟ですもん」

健常者の老人ホームが、〝生きがいつぶし〟をやってるなんて、信じられない話だ。

「そういう規則があるんです。Tさんは、はじめ、働かないつもりでこのホームに入居したんですけれど、だんだん長生きが怖くなってきたそうです。一日でも長く稼いでおかないと、不安だし、生きがいもなくなるというので、また教えようと思った。けれど、その規則に阻まれて、仕方なく、近所のマンションに引越したというわけです」

　Mさんの話を聞いていて、だんだん私は不安になってきた。「死ぬまで働く。倒れてからやめる。生涯現役。稼ぐということは、何がしか、世の中のお役に立っているということだ。だから働く。あるいはせめて、ボランティア活動をやる」――そう思って生きている私はどうすりゃいいの？　心配になって、Mさんに確かめた。

「私が取材したホームでは、ホームからお勤めに出ている人が何人かいました。とてもいいことだと私は思っていました。働くことは、人間としての権利でしょ。それを禁止するホームがあるとしたら、憲法違反じゃないんですか」

　だんだん興奮して、憲法まで持ち出してしまった。変じゃないのか。そんなの。

「ほんと変なんですよね。外で働いてはいけないという規則は、確かにないんです。でも、何となく、働きづらいんです。昔、看護師さんをしていた人がいます。その人が、外の人に頼まれて、週に何回か、看護に行く。その人が、出かける時、入居者とすれ違うと〝また、オカセギ？〟と嫌味をいわれる。これって、いったい何でしょう？」

　ひょっとすると、それは嫉妬《しっと》ではないのかと私は思った。ご用済みの人ばかりがいる。その中に、二、三人、まだ賞味期限の切れていない人がいる。妬《ねた》ましい。妬ましければ、自分たちも、何がしか稼げる社会を要求すればいい。ボランティアが出来る社会でもいいじゃないか。

私からいわせれば、老人から仕事もボランティアも奪っている社会のほうが悪い。定年そのものが、老人差別だと思っている私なのに……。

だんだん、私は老人ホームに入る自信を失いかけていた。その時、Mさんがいった。

「でも、私、家に帰る気はなくなりました。一年間、息子も嫁も、ただの一度も訪ねて来なかった。敬老の日に、孫から電話もかからなかった。そんな自宅に帰るくらいなら、まだ、ここにいるほうがましと思うようになったんです。何とか、工夫して、うまくやっていこうと思います」

ホームも地獄。おうちも地獄。どちらの地獄をとるか。そういう問題なのかしら。

自分のことを自分で決められる時間

子どもに財布は渡さない

ホーム探し仲間のPさんから電話がかかってきた。

「あした、銀座のSホームを見に行くんだけれど、あなたも行かない？」

「Sホーム？　あれは高いわよ」

最近私は、一時金の金額で、ホームを識別する癖がついている。Sホームは、確か、最低でも入居金は一億円くらいだ。

「あんな高いところ、おやめなさいよ」

お節介にも私はそういった。「まァ、あなたはお金持ちだから、いいのかもしれないけれど

「……」

「お金なんか、無いわよ。家を売れば、のお話です」

Pさんは芸術家肌で、正直な人だ。そこが好きで、私はつき合っている。

「そうね。あなたの住んでるマンションは、いい場所にあるから……」

「それに、このところ、東京は少し地価が上がって来ている。売りどきでしょ。ま、二、三年で止まるでしょうけれどね」

と、Pさんはいった。Pさんのマンションは都内の一等地にある。親が資産家だったそうだ。彼女も現役のころ、バリバリ稼いだという。息子さんが一人いる。

「Sホームは月の払いだって、安くはないでしょ」

「まぁ、ふつうよ。二十五万円くらい」

うそ！　もっと高かった、と私は思ったけれど、正確なことを忘れたので黙っていた。

「でも、銀座なんかに住んで、一歩外へ出たら、すぐ二万くらいは使ってしまうわよ」

「使わなければいいでしょ。私は一ヵ月の経費や生活費は五十万に抑えるつもりです」

はっきり金額をいった。Pさんのこういうところが、私は好きなのだ。

「でもね。Pさん……」

珍しく、しんみりと私はいった。

「年をとって、そんなギリギリの生活をすることに、私は反対だなァ。だって、人生、いつ、どんなことが起きるかわからない。もう少し、余裕を残しておいたら？　何もそこまで老人ホームに注ぎこむ必要はない。どんなに注ぎこんだって、しょせんホームは利用権。あなたが死んだら、雲散霧消しちゃうんだもん……」

「私は、息子にお金を残したくないんです。息子は、私の金だけを狙っている。死ぬまで子どもに財布は渡さない。自分の自由に使います」

即座にPさんからは反論が返ってきた。

外からは見えぬ〝虐待〟

私は、彼女の息子という人を知らない。会ったこともない。しかし、こういう感情を持っている親子は珍しくないだろう。「高齢者虐待防止法」が二〇〇六年四月に施行され、初年度の老人虐待実態調査が発表された。

それには、背筋が寒くなるような数字が並んでいる。

二〇〇六年度だけで、老人虐待の相談や通報は一万八千三百九十三件あったそうだ。一日に約五十件、日本中のどこかで「老人が虐待されている」という通報があったことになる。

その中で、市町村が「確かに虐待だ」と認定したものが、一万二千五百七十五件。被害者の八割は女性だ。さらに虐待を受けている老人の四割は、認知症だったという。

だれが、いじめるのか。

トップは息子だ。三七％。

次いで夫が一四％、娘が一四％、息子の妻が一〇％。（ただし重複がある）

どういういじめかというと、

(1)身体の虐待　六四％。

(2)言葉など心理的な虐待　三六％。

(3)食事を与えず長時間放置するなどの「介護放棄」　二九％。

(4)財産を勝手に処分するなど「経済的虐待」　二七％。

この中で、他人がいちばん見つけにくい虐待は四番目だろう。親の年金や貯金を同居家族が使いこむ。親に無断で資産を処分する。親の生活費で博打《ばくち》をする。親に貧しい暮らしをさせる。そんなことに、他人は気付かない。認知症になってしまった親は、たぶん金銭管理能力も失っているだろう。親の財布を預かった同居家族が、その金をどう使っているのか。それは、他人にはほとんど見えないことだ。

親自身に金が無ければ、同居している子はすぐに騒ぎ出す。

「母さんの年金では足りないから、きょうだいで集まって相談しよう」

招集がかかり、きょうだいは集まる。だれがいくら出すかで、たぶんもめる。もめる代わりに、金銭は明らかになる。

反対に、なまじ親が小金を持っていると、同居の子からの招集はかからない。親に金銭管理能力が無くなれば、当然、子どもたちは皆平等に発言権を持つ。にもかかわらず、相談や報告は、たぶんまったく無いだろう。

別居している子も、親のふところは当然気になる。しかし、きょうだいに対しては何となく問いただしにくい。仮に形ばかりの報告をきょうだいから受けたとしても、それが正しいかどうか、確めるすべはない。そうこうしているうちに、親が亡くなる。永久に疑問を確めるすべは無くなってしまう。

きょうだいがいてもそうなんだから、一人っ子の場合は、やりたい放題だ。親に金があっても無くても、すべては一人っ子の一存で決まる。

子どもたちや親戚に見えないものが、他人に見えるわけがない。四番目の「経済的虐待」は、じつはもっと上位に上がってくる虐待なのだろう。

そう考えると、信用できない（?）一人息子を持っているPさんが、息子の手の及ばないところ（つまりこの場合は有料老人ホーム）に避難（?）しようとする気持ちはわかるような気がする。

というと、たぶん有料老人ホームの人は嘲《わら》っていうだろう。

（私たちは、〝警察〟ではございません。息子さんが身元引受人である以上、Pさんの責任は、すべて息子さんにとっていただきます）

そうだ。今度Pさんに会ったら、彼女が〝任意後見人〟をつけているかどうか、確認してみよう。そして彼女があんなにあこがれている「銀座のSホーム」は、後見人でも身元引受人として認めてくれるかどうか、それも聞いてみよう。

Sホーム見学の都合は合わなかったけれど、Pさんと一度ゆっくり話してみようと私は思った。親と子の関係は、十人十色だ。中には恐ろしい関係もある。子どもがいるから老後は安心……なんてことにはならない。現に、Pさんは子どもがいるから、ホームに入りたいと思っている。

母が母であった頃

わが家の場合は、どうだったろう。

久しぶりに、〝母の寝たきり七年〟を思い出してみた。

(母が、自分のお金を、自分で管理したのは、いつまでだったのかしら……)

記憶は、すこぶる曖昧だ。

奥まった自分の寝室で寝るのをいやがった母は、倒れて間もなく、リビングルームの隣りへ、寝室を移した。私たちが昔、〝応接間〟と呼んでいた部屋だ。

その頃、母は寝ているふとんの下に、いつも〝何か〟を隠していた。一つが、財布であることはわかったが、ほかにも小さな袋があった。その中に何が入っているのか、私はきいたことがない。

同居していた弟はいう。

「お母さんは、ふとんの下に、いつも紐《ひも》を隠していた。その紐で、首を吊《つ》って死ぬつもりだったんだ」

骨粗鬆症《こつそしょうしょう》で、足腰が立たなくなった母に、首吊りの支度が出来るわけがない。やっぱり母の判断力は鈍っていた、と私は思う。やがて母のパニック障害はさらに進む。「嫁に毒殺される」という妄想に囚われる。ひまさえあれば、一一〇番をかける。

「殺されます！　助けてください！」

そして、母の電話は外されることになる。

この時期、母はまだ、自分の財布を必死で守ろうとしていた。

母が自分の財布を諦めるようになったのは、倒れて半年後、長期療養病院の精神科へ入院した頃からではないだろうか。その頃、私が見舞いに行くと、

「天井から紐のついた磁石がスルスルと下りてきてね、私の腕時計を吸いつけて、持っていってしまったの」

理解不能なことを、真面目な顔で話していた。しかし、財布のことはいわなくなっていた。

〝寝たきり七年〟の後半三年くらい、母はほとんど話をしなくなった。従って、財布の話題も出なかった。

私は長年、〝母の日〟に、母への小遣いをプレゼントする習慣を持っていた。はじめは〝モノ〟をあげていた。が、母の好みがわからなくなってからは、〝お金〟にしていた。母が倒れてから二回くらい、〝お金〟を贈った。しかし、三回目からは、やめてしまった。母の〝ありがとう〟という声が聞けなくなったからだ。母はお金を貰っても、使えない人になり、欲しい物がない人になってしまった。

それは、なんと、悲しいことだったか。母の日に贈る人がいて、喜んでくれる人がいるということが、どんなに幸福なことか。それまで私は知らなかった。

認知症は、〝盗まれ妄想〟から始まるという。「ものが無くなった」「金が無くなった」。頻繁にそう思うようになったら、認知症が始まっている、ともいう。

そのことを、むかし私は、人間の物欲のあさましい姿だと考えていた。

最近は、そう思わなくなった。母が母であったのは、母が自分の財布を隠し回っている間だった。母が母であったのは、自分の物欲を持っている間だった。母にそれがなくなったとき、母と私のコミュニケーションは、まことにとりづらくなっていった。

Pさんが、

「死ぬまで財布は、子どもに渡さない。私は、私の自由に使います」

と宣言するのを、私はエゴイスティックな母だとは思わない。むしろPさんは「死ぬまで、私は人間でいたい」と宣言している。そう解釈したいと思うのだ。

特養の現場から

（人間は、どこまで自己決定が出来、自分らしく生きられるのだろうか）

そんなことを考えている頃、介護福祉士の山田須美子さんと会うことになった。『介護施設でくらす人々・人間模様』（新風舎刊）をお書きになった方だ。

介護の現場で働く人の生の声は、案外聞く機会がない。本を書く人は、極めて少ない。山田さんの職場である特別養護老人ホームをお訪ねすることにした。山田さんはそこでケアマネジャー、介護支援専門員、生活相談員の三役を担っていらっしゃる。

いままで私は、特別養護老人ホームを二十ヵ所くらい見学した。が、まったく利用者と話す機会はなかった。

ご存じのように、特別養護老人ホーム（以下、略して特養と呼ぶ）に、健常者は入れない。〈入所の要件は、おおむね六十五歳以上の者であって、身体上、または精神上著しい障害があり、在宅で介護することが困難な要介護者であること〉と、なっている。民間の有料老人ホームでいうと、ケア専門の老人ホームに当たる。

特養に行くと、普通に会話の出来る人は少ない。利用者の取材はほとんど不可能だ。だから私は諦めていたのだ。山田さんは、「うちのホームには、かなり回復してきた人がいるから、会ってみませんか」といった。

喜んで私は茨城県へ出かけていった。

山田さんの勤務している特養ホームは、六年前に出来たが、まるで新築のようだ。清潔で気持ちがいい。

もっとも、特養というところは、概してどこもハードがすばらしい。鳥の巣箱のような民間のケアハウスとは、雲泥の差だ。公金補助の威力である。

そんなすばらしいホームが、一時金はゼロ、月額は五万五千円〜七万円（その人の資力に応じて異なる）で入れるのだから、どこの特養も超満員だ。順番待ちが二、三百人居る。それが普通だ。

山田さんが紹介して下さったK氏（男性、八十九歳）も、その難関を突破して入所できた〝ラッキーマン〟だ。

個室から、K氏の乗った車椅子を、娘さんが押して出て来て下さった。

広々とした共用スペースだ。リハビリも出来る広さがある。その真ん中に、机と椅子が置いてあり、私たちはそこでおしゃべりをした。

K氏は、元校長。生粋の教育者だ。車椅子を押して来た娘さんも、現役の教師。娘といっても、もう六十一歳だ。あと一年で定年だという。

頭と体の動くときに

私の興味は、K氏がこのホームをどうやって選んだのかということだった。

（最後まで自己決定をし、自分らしく生きたい）

というPさんに共感している私だ。

特養の入所を決定するのは、最終的にはホーム側だ。が、「ここに入りたい」という意志表示は、本人が出来る。私はK氏が、どう考え、どういう心のプロセスを経て、このホームに入ることにしたのか。それをおたずねしようと思っていた。しかし、話し始めたのは、娘さんの方だった。

私たちは、四人家族です。私の実の両親と、私たち夫婦。子どもたちはすでに独立しました。私のきょうだいも、近くですが、別に住んでいます。私たち夫婦は、共働きです。母が脳梗塞で倒れて八年目です。左半身に麻痺《まひ》が残って、要介護②です。トイレは自立していますが、家の中でも車椅子を使っています。

そこへ、父が、家の中で転び、背骨を圧迫骨折。衰弱して、食事がとれなくなりました。三年前のことです。

私たち夫婦は職業を持っている。母は車椅子。だれも、父を家で看てあげることが出来ません。とりあえず父は入院しました。すると、病院では、入院と同時にいうのです。

「ここには、三ヵ月しか居られません。今からすぐ、転院先を探すように」

父は食事もとれないほど衰弱しているのですから、私たち夫婦が探しました。やっと、ここを見つけ、入れてもらえたのは、入院から七ヵ月後でした。病院は三ヵ月たったら、医療費を上げてきました。私は、闘いました。四ヵ月の闘いのあと、ここに父を入れたとき、どんなにうれしかったことか。

おかげ様で私は定年直前の職を失わずに済みました。それに、私は、教師という職業が好きなんです。天職だと思っています。定年まで、教師の職を全うしたいと思っています。父は要介護⑤ですが、最近はかなりよくなってきました。このホームに、感謝しています。

土曜か日曜、彼女は必ず父を見舞いに来ている。父を見る彼女の視線は暖かい。

要介護⑤のK氏が、はじめて口を開いた。

「でも、わしは、やっぱり家に帰りたい。家内と一緒にいたい。つまらないことでも、一緒に喜び、一緒に悲しむ。そんな生活がしたい。家に帰りたい」

K氏は真剣な表情だった。

そうか。人生は、十分な年金を用意しておいてもなお、自分の思うようにはならないときがある。K氏から私が学んだのは、そのことだ。だからこそ、頭と体の動くとき、決めて、実行しておかねばならぬことがある。私の中で焦るものがあった。

入居金ゼロのホームを探す

退路を残したまま

〝七年寝たきり〟の母の晩年を見ていた。

（いっそ、有料老人ホームに入ったほうが、母も、嫁といわれる人も、幸せなのに……）

と思っていた。それが、私のホーム探しのきっかけだった。

あれから数年が経過する。

その間、いちばん変わったと思うのは、有料老人ホームの数がふえたことだ。種類もふえた。数は、五、六年前の四倍（二千軒）を突破した。かつて私は「いま老人ホームは雨後のタケノコのようにふえているから、待てる人は、もう少し待って決めたほうがいい」と書いた。その通りだった。次々、新しい有料老人ホームが出来ている。見に行く私は忙しい。種類も変化してきた。入居金ゼロの介護専用型が多くなった。その理由は、おそらく私のように、自立型ホームの入居金が、高過ぎて手が届かないからだろう。いま住んでいる自分の家を売らなければ、気分のいい自立型ホームには入れない。前回までの取材で、それがよくわかった。

そこで、私は家を売ろうと思い、家の中の片づけを始めた。その話はすでに書いた。が、結論は情けないものだった。どうも私は病気ではないのか。少しも片づかないばかりか、かえって散らかる。アルバムで挫折し、本で挫折し、資料で挫折し、食器で挫折しているころ、吉田太一さんの『遺品整理屋は見た！』（扶桑社）という本を読んだ。

（そうか。家を売らないで、最後はこの人に頼むという手があるんだ！）

そう思ったら、急に体中から力が抜けていった。例の、私の悪い癖「あとは野となれ、山となれ」がむくむく、頭をもたげてくる。

家を売らないためには、入居金の安いところに入ればいい。いや、最近は、自立型にも「入居金ゼロ」というホームが出てきたではないか。そういうホームだったら、片づけもせず、家も売らず、このままにしておける。そしてホテルに泊るような気軽さで、ホームに行ける。

南仏のホームが、そうだったじゃないか。冬は暖かい海辺のホーム、夏は涼しい山のホームという〝老人ホームの渡り鳥〟がいたっけ。あれは、入居金がないホームだから可能なライフスタイルだった。

家を売らずに、退路を残しておく。

ホームで、いじめに遭ったり、ホームが期待に反したりした時、帰れるところがある。ひょっとすると、それが理想なのかも知れない。そう思ったら、ますます片づけの意欲は萎《な》えていくのだった。

「退路を残しておく」という考え方に気づいたのは、Hという未知の女性からの、一本の電話だった。

Hさんは、定年までしっかり働いたキャリアウーマンだといった。厚生年金と共済年金の二つを持っている。ぜいたくしなければ、生活には困らない。夫は十二年前に亡くなり、子どもは居ない。欲しかったけれど、卵巣嚢腫《のうしゅ》で、出来なかった。

家は、伊豆にある。

しかし、自分で探して、函館の「旭ヶ岡の家」というカトリック系有料老人ホームに入った。ホームに入居金の制度はなかった。七十歳の時だった。

一年間、そのホームに居たが、しばらく外へ出たくなり、いまは関西で暮らしている。でも、七十五歳になったら、また函館のホームに帰るつもりだという。彼女は函館の、とくに自然が気に入っている。

出たり、入ったり、北へ行ったり、南へ行ったり。Hさんが自由に生きられるのは、一つは帰れる家があること、二つは、月二十万円の年金と、貯金を持っていること、三つ目は、そのホームに入居金が無いことであるだろう。

そうだ。私は入居金ゼロのところを、見に行かねばならぬ。

ネットで探してみると

というわけで、私はインターネットで、「入居金ゼロ」のホームを探した。

世の中、だんだん便利になってきた。

インターネットでも探せるし、最近は週刊誌に〝「入居金ゼロ」老人ホーム〟という記事がのる。私のようなアナログ人間は、活字が好きだ。エンピツと消しゴムを用意して、一日中一覧表を眺め、○をつけたり、×をつけたりする。それは私の至福の時間でさえある。

そうやって選んだ最初のホームは、群馬県高崎市と前橋市にある〝M〟だった。

ホーム探しをはじめて、すぐ気がついた。年寄りというものは、よほどの事情がない限り、未知の土地や、人脈のない土地に住みたくはないということに。

私は、即座に群馬県を選んだ。

私が半生をかけて愛し、慈しんだ赤城山の、森の美術館がある場所だからだ。そこは、自然もいい。大好きだった父のふるさと。私のルーツ。そして友人、知人はいっぱい居る。

群馬の入居金ゼロホームの中で、私は、まず足場のいいところを探す。年をとったので、もう車を運転したくはない。

高崎の駅からタクシーで五分のところと、中央前橋の駅前に、同じ系列のMという入居金ゼロホームがあった。ここなら二つとも、私の人生のライフワークである赤城山の「俵萠子美術館」までタクシーでも行ける。スタッフに迎えに来てもらうこともできる。私は定期的、生理的、発作的に、美術館の花や木や川やホタルが見たくなる。そういう時、便利な位置にあるのがこの二つの老人ホームだ。とくに中央前橋の駅前のホームは、ホームを出たところにタクシーの溜《たま》り場がある。

と思って出かけたのだが、やっぱり私はそそっかしかった。

高崎のほうは、たしかに一時金ゼロで入居できるが、こちらは介護専用型ホームだった。前橋も、入居金ゼロで入れる。しかしこちらは正確にいうと、老人ホームではなかった。ケア対応型賃貸マンションとでもいおうか。

この系列のホームを経営しているのはMという株式会社で、篠原愛子氏が社長だ。彼女の夫は病院経営の医師で、医療法人の理事長でもある。夫の人脈の医療機関と提携しているところがこのホーム群の強味だ。

たとえば前回ご紹介した八十九歳の元校長のK氏。

K氏は最初骨折で入院。病院から三ヵ月で退院を迫られ、危うく「介護難民」になるところだった。娘さんの努力で、運よく特養（特別養護老人ホーム）に入れてもらえ、難民にならずに済んだ。

私の母も、最初の三ヵ月は病院に入った。そのあと老健施設に入った。が、集団生活に適応しないという理由で追い出され、いったんは介護難民になった。その後、当時は存在していた長期療養型病院の精神科に入院でき、やっと難民から脱出できた。

長期療養が出来なくなる今後は、母のような人間が介護難民になるのだろう。

その対策になるのが、病院と直結した篠原さん経営のようなホームだろう。いま彼女の経営する系列のホームは、入居金ゼロと、介護体制で人気を呼んでいるという。

私のように元気な老人には、中央前橋駅前の「賃貸ホーム」のほうが合っている。地価が安いせいか、広い部屋もあり、何より赤城山の美しい姿がよく見える。入居金ゼロなら毎月の払いは食費込みで二十一万七千六百五十円。一時金として七百三十万円を入れると、食費込み月九万七千六百五十円で暮らせる。

（いっそ、入ろうか……）

と思った。けれど、待てよ。一つ気にかかるのは、このホーム、すべて、借地であり、借家である――ということ。もし、期限が来て、地主が返してくれといったらどうなるのか。それも調べなくては……もう少し、あちこち歩いてから決めよう。

高齢者対応マンション？

次に行こうと思ったのは、前回登場したPさんご執心、銀座のSホームだった。

取材をお願いしたら、断られた。

「うちは、老人ホームではございません。一部に老人ホームを併設しておりますが、大部分はマンションでございます」

そういわれ、あらためて私が切抜いておいたSホームの新聞広告を見る。二回切抜いておいたが、そのどちらを見ても、老人ホームとは書いてない。

「高齢になっても
　こんなに素敵な暮らしがある」

全面広告の主見出しにはそう書いてあり、どちらもよく読むと、少し小さい字で、

〈新しい高齢者対応マンション〉

と書いてある。

一枚のほうには、協力医療機関・聖路加国際病院と書いてある。もう一枚のほうには、

〈介護付有料老人ホーム併設〉

とある。しかし、それが何階にあり、何室あるのかは書いてない。虫めがねを出して、よく見たがわからない。

（やっぱり、実際に見に行くしかないかな）

と思った。が、金額を見て、意欲が失せた。

入居金ゼロという方式は確かにあるけれど、

●高齢者対応マンションのほうは
一時金ゼロの場合…月々五十七万円～百二十五万円
●介護付有料ホームのほうは
一時金ゼロの場合…月々七十五万六千円～九十三万六千円
一時金を五千万から一億払うと月々が安くなるのは、ほかのホームと同じである。
銀座の空高く聳《そび》え立つ三十一階建ての、カッコいいホーム。
Pさんがあこがれる気持ちはわかるけれど、私は今回取材を見合わせることにした。

いざ、函館へ

その頃、ふと思い出したのが、Hさんが教えてくれた函館の老人ホームだ。確か、あれも入居金ゼロのホームだった。新しくはないけれど、入居金ゼロの〝ハシリ〟なのかも知れない。インターネットで調べると、Hさんが教えてくれた「旭ヶ岡の家」というホーム群を作ったのはフィリップ・グロードというカトリックの神父さんだ。

ホームそのものは見ないとわからないが、HPに出ているグロード神父さんの言葉はおもしろい。

「老人ホームに入るには、適齢期というものがある。六十二歳から七十六歳だ。七十六を過ぎると、もう遅いね」「老いはバカンス。ホームは休暇村」「ホームは親孝行のセンターです」

「毎日愉快に過ごすこと。それがケアそのものなんです」「夢を持てば、必ず夢を買ってくれる人がいる。いま後援会の会員は千四百人くらいいますよね」「本当は、自分が若いときから入りたいと思うようなホームでなければいけないね」

とくに気になるのは、冒頭の〝七十六歳入居定年〟の話だ。その説の根拠は何なのか？　もし、それが正しければ、私はあとひと月で、適齢期が終わることになる。

何やら、焦りのようなものを感じた私は、急いで函館へ行くことにした。入居金ゼロの取材も兼ねて……。

最後の決め手は何なのか

函館空港までは意外に近い。

羽田から一時間ちょっとで着いてしまった。

そこから車でわずか十分。

「旭ヶ岡の家」は近かった。というより、時間的には近く、金銭的には遠いというべきか。ナナカマドの紅葉がピークの季節だった。

グロード神父は、玄関の外まで出て来て私を迎えてくれ、翌日の昼、同じようにして私を見送ってくれた。

八十歳という年齢。数年前から脳梗塞の後遺症で、歩行器を使っている。ようやく歩いているという体調。

それを考えると、そのことだけで、私は感動する。いままで百軒の老人ホームを見て歩いたけれど、こういう感動を与えてくれたホームの理事長は居なかった。

グロード神父が、フランスから日本にはじめてやって来たのは、五十三年前。その時彼は二十七歳の青年だった。

老人ホームづくりを始めたのは、いまから三十年前。当時、ホームについて、彼はしろうとだった。その時から老人施設についての勉強をはじめた。旅行好きの神父は、南アメリカを除いて、ほとんどの国の老人ホームを回った。どれよりもいいホームを作ろうという、夢を持って……。

三十年かかって、神父は買ったり、寄付してもらったりで、十一ヘクタールの土地を手に入れた。感じとしていえば、函館の町をはさんで、函館山とは対称の位置に、小さな山を一つ買ったという感じだ。

その山に、神父さんは四つの老人施設と職員寮を作った。

四つの中の一つが、Hさんの入っていた特定有料老人ホーム「レジダント」だ。

定員わずか二十一人の小さなホーム。

特定有料老人ホームは、経営母体が社会福祉法人で、かならず福祉施設（この場合は特養ホーム）と隣接して作らなくてはならない。まだ、全国では数が少ない。民間の有料ホームよりも、料金が安い。Hさんの場合、入居金はなし。月々三食ついて二十万円以内でおさまったという。

四つの施設（その中には生活支援ハウスや在宅ケアセンターが含まれる）を一つ一つ紹介するスペースはない。

四つを引っくるめ、というか、「旭ヶ岡の家」というプロジェクトを引っくるめた印象を短い言葉でいうと、

(1)グロード神父は絵描きであり、アーチストである。

(2)老人施設は、グロード神父、自作、自演の「グロード美術館」の一部分である。

(3)グロード美術館のコンセプトは、信仰、美、遊び心の三つだろう。

目くるめくような〝函館二日間〟の印象を、こんな短い言葉でまとめること自体に抵抗がある。いつか、一冊の本にでもしたい内容だ。

二日目の朝、私はとくにお願いして、午前九時からのミサに出席させていただいた。

三十人ほどの、小ぢんまりしたミサだ。はじめて見るカトリックのミサは、私にとって強烈な印象だったが、その感想もまた別の機会に譲る。

――この日以来、私がずっと考えつづけていることがある。

それは、入居決断、最後のひきがねは、いったい何だろうということだ。

星取り表のような老人ホーム選びのチェックリスト。これも必要だ。私の優先順位でいえば、
(1)場所　行きたい場所と、行きたくない場所がある。
(2)費用　逆立ちしても、足りないお金は足りない。
(3)経営の健全度、透明度　倒産されたら困る。正直は美徳。
(4)介護体制　ととのっているほどいい。できれば、安心して死ねるホーム。入院は嫌いだ。
(5)出来る限り広い部屋　狭い部屋は嫌い。息が詰まる。仕事や趣味が出来ない。
——こういう事になるだろうか。人によって、順番は違うのだろう。

しかし、人間は、不思議な存在だ。人物、美、哲学、ハート、たのしさ、なんていう数字で測れないものに、心が吸い寄せられていく。○×だけで、私は決して決められない。

だれにも決してわからない〝自分の終わり〟

スペイン旅行での一葉。著者最後の海外旅行となった
（2008年4月3日）

子どもがいても、老人ホーム

母が逝った時のこと

最初、有料老人ホームというところへ見学に行ったのは、二〇〇二年の三月だった。

そのころ、日本では、有料老人ホームはまだ少なかった。当時、庶民のイメージでは、老人ホームは二極化していた。一方に、大金持ちや往年の映画スターが入る豪華有料老人ホームがある。もう一方には、〝養老院〟と呼ばれる、福祉としての老人ホームがある。〝中間〟がなかった。明治四十三年生まれの私の母は、このイメージを持ったまま天国へ旅立ってしまった。どんなに好きではない〝嫁〟であっても、長男夫婦の世話になって死ぬのが〝女の生き方〟であり〝人の道〟だと信じ込んでいた。もう二十一世紀になっていたのに、である。

そして、家と財産は、自分を看取った長男に譲る。それが正しいと思い込み、その通りの遺言状が書いてあった。しかし、現実はいささか違っていた。母は自分の年金（月に三十二万円）で療養をしたのであって、長男はもちろん、娘二人にも、経済的な負担を、一切かけなかった。そして死ぬのも、独り、病院で死んだ。だれ一人、母の最期を看取ることは出来なかった。

こういう母の考え方のために、いちばん犠牲になったのは、だれだったか。私の目から見ると、〝長男の嫁〟だ。彼女は、子育ての終わった「花の五十代」を、ほとんど介護要員として生きた。

おくればせながら、そのことに気づいた私が、老人ホームを研究しはじめた年の秋、母は亡くなった。二〇〇二年十月五日だった。

老人ホームは、ついに彼女の人生には間に合わなかった。そのころ日本のホームは、まだ二極化の尾っぽをつけていた。私が（仕事としてではなく）個人的なニーズから見にいった千葉県松戸のEホームは、入居金が最低三千三百万円、最高は七千万を超えていた。とても中間層が入れるホームとはいえない。

半年後に死を迎える大阪の母を松戸へ動かすことは、現実的に不可能だった。かりに母の体力がそれを許したとしても、母をEホームに入れるには、大阪の実家を売らなければならない。母も弟も、それに賛成するはずがなかった。

その後の現状は？

あれから六年。

この原稿を書くため、新しいホームをさらに十数ヵ所、私は歩いた。まず、ホームは数が増えていた。六年前は全国に五百くらいしかなかったホームが、いまは二千を超えていた。

しかし、ホームの増え方には、すでにブレーキがかかっていた。介護保険を使える老人ホーム（特定施設という）が増え、そのために介護保険財政が悪化したという理由で、行政が総量規制を始めたからだ。

（中間層の利用できるホームが増えてきて、母さん、よかったネ。いまなら、あなたや私の入れるホームが見つかるよ）

心の中で喜んだ私としては、ショックだった。

入居金ゼロのホームも増えたし、ゼロから億まで、さまざまなタイプも出来た。介護専用型、自立型、混合型としてそれぞれ独立したホームもあれば、棟によって機能が分かれているホーム群もある。

このまま数が増えていけば、さらに競争原理が働いて、ホームはもっと安く、もっと多様化すると思っていた私は、落胆してしまった。

かわりに、といっては何だが、これからは高齢者専用の賃貸住宅が増えるのだろう。有料老人ホームと違って、入居金はいらない。元気な間、食事は自分で作ればよい。病気になれば、併設の医療、介護、食事サービスを受けることが出来る。事故防止のため、お風呂やキッチンが共用というのは気に喰わないが、家賃、共益費、介護保険利用負担金など、全部あわせて月の払いは十七万円くらいだという。ならば、有料老人ホームより安い。

有料ホームの高い入居金を工面し、死ぬほどくたびれる引越し作業をやりとげ、入居後三ヵ月でポックリ死んでも、入居金の何割かは返って来ない。

それに比べると、老人専用の賃貸住宅のほうがリーズナブルな〝終の棲み家〟なのかもしれない。

近いうちに、どこかの高専賃(高齢者専用賃貸住宅のこと)へ、見学に行ってくるか……。

ホームの中を見てみよう

そして今回私が見学に行ったのは、四ヵ所の有料老人ホーム。今回もまたPさんと一緒だった。Pさんは、要介護①だ。腰と膝が痛い。掃除機が使えない。週二回、介護保険のヘルパーさんに、掃除を頼んでいる。だから気持ちが焦っている。誘ったら絶対に断らない。早く身の振り方を決めたいのだという。立って歩いているぶんにはまったく普通に見える。その点、私と同じだ。私も今年は、背骨を二回、圧迫骨折した。寝起きが大変。とくに歯医者の診察台がつらい。「起きて」「寝て」「ハイ。口をゆすいで」といわれるたびに、これは拷問だと思う。

ほかの年寄りは、どうなんだろう。一度、歯科医院で、アンケートをとってみるか。

横道へ、それた。私たち二人は、背骨を伸ばし、一見サッソウと田園都市線に乗った。

これから行くところは、ヒルデモアと名がつく老人ホームだ。

そこを選んだのは、私である。

二種類の雑誌の「有料老人ホームランキング」を詳細に読み比べた。両方で得点が高く、しかも、私のチェックポイントに合格するところを選んだ。私のチェックポイントは、前にも書いたが、⑴場所、⑵費用、⑶経営の健全度と透明度、⑷介護体制、⑸個室の広さ、の五項目だ。これに合格したホームは、ほかにも数ヵ所あった。しかし、締切りの関係で、そうたくさん見学する時間はない。とりあえず今回は二ヵ所にしぼった。一つは川崎市のヒルデモアたまプラーザ。これは、私の取引き銀行から取材を頼んでもらった。もう一つは、新宿区のアライブ目白。私の家からもっとも近いという理由もあった。本誌の編集部から取材を依頼してもらった。いままで百ヵ所以上のホームを見学して、やっぱりきちんと取材依頼をしたほうが仕事がしやすい。

たまプラーザの第一印象は、とにかく従業員の教育がゆき届いていて、気持ちがいいということだった。みんな、必ず、にこっとし、声を出して挨拶をする。こんな当り前のことを喜ばなくてはならないなんて、情けない日本になったものだ。

親会社が大きいせいか、広報担当の専門の人がいた。その人が女性で、あと五ヵ月で出産予定だという。新聞記者をしながら、二人の子を産んだ私としては、そういう女性がいる会社だというだけで、この会社に好感を持つ。

もう一つ好感を持ったのは、食事のことだ。普通食もおいしく、器もよかったが、嚥下食《えんげしょく》の試作品を見せてもらった。それに感動した。いわゆるペースト食、刻み食を、いかにおいしく見せるかを工夫している。

「何でもかんでも混ぜないんです。白いものは白く、緑は緑、赤は赤で、美しく、おいしそうに盛りつけするんです。〝モア・ディッシュ〟と呼んでいます。もうすぐ完成すると思います」

と、その〝プレ・ママ〟がいった。そして、私は思っていた。

(私が家で病んだ時、わが子がこんな食事を作ってくれるわけはないわな。やっぱり、お金を出さないとダメなんだ)

「子どもがいても、老人ホーム」というキャッチフレーズが、なぜか頭に浮かんだ。

ちなみに、たまプラーザの入居金は、すべて年齢別になっている。私、七十七歳の場合、二千四百万。月額利用料は三十一万円。年齢が上がるほど入居金は安くなる。ただし、たまプラーザのこの棟は一号館と呼ばれ、要介護の人が多い。七年前に出来たホームだ。

私のように元気な人は、これから出来る三号館に行ったほうがいい、といわれた。

つまり、ヒルデモアたまプラーザは、自立棟、混合棟、介護棟がそれぞれ独立して存在し、三棟は必要に応じて助け合う形をとっている。

「ここはもう、七年の実績がありますけれど、新しいところもあります。ぜひ新しいところへいらっしゃいませ」

と〝プレ・ママ〟にいわれ、結局私は横浜の三渓園と世田谷区岡本、二つの新しいヒルデモアにも行くことになってしまった。三渓園は混合型、岡本は自立型。それぞれに特色がある。三渓園には、玄関正面事務コーナーに〝さくら〟というトイ・プードル犬がいた。二本足で歩く特技を持っている。犬一匹がいるだけで、これほど人間関係はなごむものか。

岡本には、自立型三十八室のうち、数室だけペットの飼える部屋があった。

(お前は、ペットのことしか考えていないのか!)

とバカにされそうだが、独りぼっちでホームに入った時、犬が居てくれたらどんなに気持ちが救われるだろう。ちなみに、私がいま飼っている犬も〝さくら〟という。初代の俵くに子、通称くぅちゃんは、昨年交通事故で死んだ。いま現在、彼女は私の作った骨壺に入っている。いつか私も、その骨壺に入りたいと思っている。

余談はおくとして、ヒルデモアは、いいことだけだったかというと、私にとっての問題点はいくつかある。どのホームも部屋が狭くて、仕事が出来ない。いま、私がこの原稿を書いているのは八畳の部屋だ。部屋中に資料が散らばって、足の踏み場はない。隣りに、パソコンルームがあり、奥には書庫がある。仕事をするには、こういうスペースが必要だ。

また、どのホームも、距離的に、都心から遠すぎる。〈生涯現役〉。つまり〝死ぬまで書こう〟、〝死ぬまでボランティアをやろう〟と思っている私にとって、〝あんな場所〟は困るのだ。いま、私が常住している所は、新宿副都心へ歩いて十五分。自宅であり、事務所でもある。どこへでも、すぐ出動できる。赤城の森の家にだって、二時間半で行ける。だから〝両棲動物〟のような暮らしが続けられる。

生きがいは、人さまざま。他人さまのことはいわない。しかし、私のように死ぬまで仕事をしたい、死ぬまでボランティアをやりたいと思う人もいるだろう。そういう人間が体力と時間をセーブするには、出来るだけ都心がいい。最近、私の友人が、ウィークデーは、丸の内のホテルに泊まるようになった。家は小金井にあるのに、だ。彼は弁護士であり、ボランティア活動も精力的にやっている。

「最近、年をとったので、体力と時間をセーブするため、ウィークデーは都心のホテルに泊まります。どうぞ小金井の家に、お歳暮を送らないで下さい」

という葉書が私のところにも来た。思わず苦笑した。彼はすでに妻を亡くしている。無理もないと思うのだ。

こういう人たちのための老人ホームが、あってもいいのではないか。汐留や六本木は、若者専用ではあるまい。

そう考えて、山手線目白駅から歩いて八分の「アライブ目白」へ行ってみた。

さすが、角栄さんの目白御殿があった場所だ。しっとりと落ち着いた住宅街の中に、高級料亭のような雰囲気の老人ホームがあった。

定員三十八人。施設長自身が看護のプロだ。ここは、自立型ではなく、介護型のホームだ。いますぐ私に必要なホームではない。それにしても、贅沢な立地条件だ。ここなら、仕事も出来るという場所である。見舞いに来る人々にとっても好都合な場所だろう。

介護型だが入居金は二千万から四千三百万と高額。月の払いも、二十六万〜三十五万かかる。しかも、このホームの入居者の大半は、自宅を処分せずに入居しているという。

私はアライブ目白を富裕層向け介護型ホームとして分類することにした。

私がまだまだやりたいこと

さて、歩いた。

歩き回った。

そろそろ、とりあえずの結論を出したい心境になってきた。私自身に対して、である。すべての人に対しての結論など、出せるわけがない。

ヒルデモア三渓園に行った時、イギリス人、九十五歳の女性と、昼食の時に話をした。日本生まれというけれど、それでもやはり、英語のほうが楽らしい。日本語と英語、チャンポンの会話の中で、私がいった。

「おうちは遠いのですか？」

「いいえ。近いです。すぐそこです。家に息子が住んでいます。だから、ここに決めました」

外国人は年をとったら、母国へ帰りたいのかと思っていたら、予想が外れた。外国人でも、日本人でも、子どものそばにいたいという人もいれば、鬼娘や鬼息子のそばには、毅然として行かないと決める人もいる。持っているお金はすべて使って死ぬ、と決める人もいる。人それぞれだ。

それぞれの一人として、私も決めた。

私は、死ぬまで、仕事がしたい。趣味をやりたい。犬とも暮らしたい。死ぬまでボランティアもやりたい。NPOに、四つも属している。患者会もやっている。毎日のように理事会や役員会がある。勉強会もある。パソコン教室にも通わなくてはならない。

そのうえ、稼ぎたい。稼ぐと、元気が出る。べつに生活には困らないのに、私はお金が好きなのだ。

そういう私に好都合な老人ホームがいまのところ無い。あっても、高過ぎる。家を売らなきゃ、入れない。けれど、家を売るのを、当分私は諦めた。片付ける能力が私には無いからだ。

というわけで、自立型ホームに、七十六歳までに入る——というプランは諦めた。

つい最近、友人たちが「俵 萠子さんのがんでも喜寿を祝う会」というパーティーを、開いてくれた。馬齢を七十七回重ねた（私はウマ年だけれど）だけで、いささか恥ずかしかった。けれど、ちょっぴりはうれしかった。

その時、ホームローヤーの木村晋介弁護士が、

大金ないけど
若さは　いっぱい
楽に　喜寿ごえ
萠子さん

という都々逸《どどいつ》を作ってくれた。

返歌（?）に、私も作ってみた。

大金ないけど
わんさと、友だち
乱痴気さわぎで
萠子　しあわせ

たとえば、こういう会を、老人ホームのホールでやれるというなら、ホームは便利だ。しかし、何故か、どこのホームも、ホールは森閑としずまり返っている。

しかし私は、老人ホームのすべてを、諦めたわけではない。

アライブ目白のような、高級介護型ホームは無理だとしても、ヒルデモアたまプラーザの一号館くらいには入れそうだ。

前著で書いた「もみの樹・練馬」という介護型ホームも、じつは私は気に入っている。「もみの樹・練馬」の入居金は千八百万円。ヒルデモアたまプラーザは二千四百万。よし。頑張るぞ。それだけは、稼ごう。稼がねばならぬ。そう思うと、何だか、私は元気が出てくるのだ。

忘れていた。

もう一つ、大事なことがあった。その時、私がたとえ認知症になっていても、そのホームに入れてもらえるよう、私はいまから手はずを整えておかなくてはならない。子どもがいても、老人ホーム。老いの準備は、けっこう忙しいのだ。

ただ、黙って死ねばよいのか？

もしも突然倒れたら……

新聞の広告を見ていたら、突然、ある活字が向こうから目に飛び込んできた。

〈恐れるな、ただ死ねばよい〉

こういう場合、潜在的に、私がその問題に関心を持っているということを意味する。たぶん最近、私は〝死〟に関心があり、同時に死を怖いとも思っているのだろう。ふだんはそれを意識していない。けれど、潜在意識の中にきっと〝死への恐怖〟があり、気にかかっているのだと思う。

その言葉を発言しているのは、百歳の高僧だった。ある雑誌の対談の一部が、広告の見出しになっている。さっそくその雑誌を買って、読んでみた。が、対談そのものは、噛《か》み合っていなくて、面白くなかった。

以来、その言葉はずっと私の頭の中に住みつづけている。

やがて私は、自分が老人ホームを探しているのは、ひょっとすると〝死が怖いせいではないか〟と思いはじめた。

いつだったか、東京の家で、夜中に突然下痢が起こり、吐き気と腹痛で動けなくなった。〝洗面器を持って来てほしい〟と二階にいる息子にいいたかった。しかし、私の寝室のインターフォンは故障しており、階段の下まで行って、大声で息子を呼ぶ体力は私になかった。私は、這《は》うようにして風呂場に行き、寝室へ洗面器を持って来るのが精一杯だった。

（そうだ。私の寝室のインターフォンを修繕しておかなくちゃ……）

その時、しきりに後悔した。築三十二年のこの家のインターフォンを直すには、二十万円もかかるといわれ、見あわせていたのだ。

しかし、翌朝、ケロリと治った時には、

（インターフォンなんかあったって、病気の息子は、毎晩睡眠薬を使っている。どうせ起きてはくれないだろう。なら、インターフォンなんか修理したって意味がない）

と思った。

またある日。その日は赤城の森の家に泊まっていた。

夜中に急に胸が痛くて動けなくなった。赤城山の美術館のスタッフは、人情あつい人が多い。

「困ったことがあったら、いつでもこの携帯の短縮ボタンを押してください。うちの電話につながっていますからね」

といわれている。にもかかわらず、私は短縮ボタンを押さなかった。携帯電話は、十二畳の寝室のすみの、私のハンドバッグの内ポケットの中に入っていた。でも、その時、私はそこまで歩いて行くことが出来ない状態だったからだ。

そんなわけで、私は、非常の時の通報装置は、病院のナースコールのようなベッドサイドのものと、集音式のものと、二種類が、複数あちこちになくては意味がない――と思うようになった。そしてもちろん、それは起きて来てくれる人のいるところに繋《つな》がっていなくてはさらに意味がない。

そう考えると、ふつうの家では、ほとんど絶望的だ。いまの日本に、そんな条件の家庭はあまりない。

七十五歳以上の女性の二四パーセントは、ひとり暮らしだからだ。

緊急通報装置の条件を完全に充たすのは、まァ病院か、老人ホームくらいのものだろう。

――というわけで、私は老人ホームに入ろうかと考えた。それがすべてではなかったが、かなり大きな理由の一つであった。

じたばたしてもしなくても

しかし、と私は思う。

老人ホーム探しでこんなに苦労し、こんなに大騒ぎする理由が、〝死にたくない〟、〝いざという時、助かりたい〟ということだとすると、〝死〟はそんなに怖いものなのか？　という問いにぶつかってしまう。百歳の高僧ではないが、

「恐れるな、ただ死ねばよいのだ」

と本気で思うなら、通報装置も、老人ホームも、病院も要らないではないか。死ぬべき時に、ただ黙って死ねばよいのだから。

いったい、私は何を恐れているのだろう。

なんで、こんなにそわそわ、ホームを探しているのだろう。

――私のホーム探しは、とうとうそこにまで往き着いてしまった。

自分の胸の中を覗《のぞ》いてみると、困惑している部分がある。

(死に方だけは選べないから……)

どういう死に方になるのか。これだけはだれにも選べない。理想はピンピンコロリ（PPK）だということになっている。

しかし、それだと、老人ホームは必要ではない。もし、私がそういう死に方をするのだったら、この家に、ずっと居てもいいのだ。インターフォンも修繕しなくていい。息子が起きて来

なくてもいい。ひとり暮らしだって構わない。上野千鶴子さんにいわれるまでもなく、私は昔から〝孤独死〟の支持者なのである。

〝コロリ〟の中には、私の父のような人も入るだろう。肺炎で検査入院。五日目にコロリと死んだ。ベッドの上にいたのは、五日間だけ。父の場合は、ホームは無用。病院だけでよろしい。

二つ目は、私がよく知っている病気。がんだ。

この病気は、死の時期がほぼ予測出来る。私がやっている患者会の仲間で、がんになってから、ホームに入った人はほとんどいない。たいてい病院かホスピス、たまには在宅で人生を終わる人もいる。

三つ目。私の場合いちばん避けたいのは、〝寝たきり何年〟という状態だ。交通事故、脳血管の疾患、骨粗鬆症などの後遺症だ。私の母は、骨粗鬆症。〝寝たきり七年〟で亡くなった。

四つ目。さらに別のタイプの病気がある。認知症やパーキンソン病やアルツハイマーだ。

死に方は、大別すると、この四つだろうか。もちろん、複数の組み合わせになる場合もある。私の母は、㊂と㊃の組み合わせだった。

さて、私自身が、どういう死に方をするか。

こればかりは分からない。が、いずれにしても、基本的に選択肢は四つである。そのうちホームを必要とするのは、㊂と㊃の場合だけだろう。何分にも病む期間が長い。家族は近くにいない場合が多い。いても、長期間の家族介護は無理である。

いま、日本人でいちばん多いのは〝がん死〟だ。三人に一人はがんで死ぬ。確率でいえば、私も、がんで死ぬ可能性がいちばん高い。がんなら、何もあわてふためいて老人ホームに入っていなくてもいいのである。

あの百歳の高僧のおかげで、私はまったく別の角度から老人ホームを考えるようになった。

いままでは、母の「寝たきり七年・嫁姑のバトル」「姑の無残な無条件降伏」が、頭から離れなかった。だから、とにかく、早目に老人ホームに避難し、どんな死に方が押し寄せようとも、私は安全地帯に居たい——という思いが強かった。

しかし、「恐れるな、ただ死ねばよい」とひとたび度胸を決めれば、この世の中に何ひとつ、怖いものはない。じたばたせずに〝死ねばよい〟のだし、じたばたしても、必ず死ぬのである。

ただ愛する家族や友人に、あんまり迷惑や心配はかけたくない。だから、㈢と㈣の場合は、それ相応のホームに私は入りたい。そう考えると、自ずからホームの種類が決まってくる。

なるほど、こういう角度から老人ホームを考えることも出来るのか。私は百歳の高僧氏に感謝しなくてはならない。

一つ、決断が出来た

いずれにしても、どうやら私は「自立型ホームへの入所適齢期・七十六歳」を失したらしい。

あれこれ迷い、金の工面を考え、家を売るべく片付けているうち〝喜寿〟になってしまった。

函館「旭ヶ岡の家」のグロード神父によれば、自立型ホームに入る適齢期は、六十二歳から七十六歳の間だそうだ。アメリカには、七十六歳を過ぎると、入れてくれない有料老人ホームがホントにあるという。

むかし、私たち女性には〝結婚適齢期〟というお化けのようなプレッシャーがあった。二十三歳を過ぎると、「十二月二十五日のクリスマスケーキ」だといわれた。

いままた、老人ホームの適齢期かよ。不愉快千万。グロード神父の話は無視することにする。

しかし、おかげで、私は一つの決断をすることが出来た。

家を売ってまで、高級自立型ホームには入らない。そんなところに入っても、私は私の仕事が出来ないし、本も捨てられない。「ホームと仕事」とどちらが大事かといわれれば、いまの私は〝仕事〟が大事。いや、「仕事のほうが好き」と答えるべきだろう。

とにかく、家は売らない。後片付けは、プロの「遺品整理業者」にまかせる。家の中を片付ける時間があったら、仕事とボランティア活動と遊びに使う——そういう決断が自然に出来た。

これはこれで、三年間の大収穫だ。

つぎの問題は、㈢と㈣の状態に私がなった時、それにふさわしいホームへ入れてもらう。いまからその手配をしておくことだ、と前回書いた。お金の段どりもしておかなければならない。

というわけで、私は久しぶりに「木村晋介法律事務所」を訪ねることにした。

「モエコ財団」のその後

今回もまた私は道に迷い、ようやく木村事務所に辿りついた。今回の間違いは、地下鉄を降り、四谷方向の出口に出て、四谷方向に私が歩いたことだった。

「しっかり覚えておこう。木村さんのところは、新宿方向の出口に出なくてはダメなんだ」

と自分にいいきかせている時、

「やァ……。先日は、ご盛会で……」

明るい声で木村さんが入ってきた。

「先夜は、たのしい〝折り込み都々逸〟をありがとうございました。あの〝大金ないけど〟の件で……」

ワッハッハッハと木村さんは笑った。

大金　ないけど
若さは　いっぱい
楽に　喜寿ごえ
萠子さん

木村弁護士作のこの都々逸は、各行の頭をつなげると〝タワラモエコさん〟になる。こういうのを折り込み都々逸という——と木村さんの著書『遺言状を書いてみる』には書いてある。

その木村さんが、私の場合は、遺言状でなく、新しく出来た「一般社団法人及び一般財団法人に関する法律」に基づいて、「個人信託財団」を作ったらどうかと提案していらっしゃる。その財団のことを、別名「モエコ財団」と呼ぶことにしよう。そこまでの合意が私たちには出来ている。

「ところで、あの法律は、いつから施行ですか?」

と私はきいた。

「タイムリミットは、二〇〇八年十二月二日ですが、まだ決まっていません。二〇〇八年の九月ごろではないかとも聞いています」

「とにかく、施行されたら、財団立ち上げですか?」

「そうですね。日本で最初、個人信託財団の第一号になるでしょう」

法律にはしろうとの私としては、〝第一号〟だなんて、何やらまぶしく、かつ不安でもあり、心配でもある。

(でも、まァ、いいんじゃない。専門家がいうんだから。信じよう。ついて行きましょう。それに私は、昔から、〝新しもの好き〟だったんだ。男女共学大学第一号の女子学生だったし、新制大学枠第一号の女性記者だったし……)

関係のないことまで考えて、多少の不安感を抹殺する。

「その財団は、だれが理事長になるんですか?」

さっぱりイメージの湧かない私は、具体的な質問をしてみた。

「そりゃ、モエコさんですよ。モエコさんの、モエコさんによる、モエコさんのための財団なんだから……」

「じゃァ、理事は？」

「理事は一人でもいいんですが、理事会を置くなら三人以上。そのほか評議員が三人以上、すべてを監督する監事が一人、会計監査人も置くことが出来ます。理事を任命するのは、評議員です」

ふーん。私がやっているがんのNPO法人に似ている。けれど、私のNPOには、評議員という人はいないなァ。木村弁護士は、社団法人の規定が準用されるというから、一度、社団法人のことも勉強してみるか。

「ただし……。ただしですよ。モエコさんがボケたら、理事長を解任します。そのためにも、精神科医が一人、メンバーに入っているほうがいい」

と木村弁護士がいった。

「大丈夫です。もう、すでに交渉してあります」

と私は答えた。

なにしろ、〝第一号〟なんだから、試行錯誤は覚悟しなくてはなるまい。最後に、いちばん気になっていることをきく。

「そんなにたくさんの人をお願いして、謝礼というものは、どうすればいいのですか？」

「それも、これから決めていくことだけれど、ぼくは、年に一、二回の理事会や評議委員会でお食事代を、モエコさんが持つ——ということくらいでどうか。そう思いますよ。べつに〝吉兆〟でやる必要はありませんがネ」

といって、弁護士はニヤリと笑った。

船出の後を考える

まァ、この問題は、法律が正式に施行されてからでないと、船出にはならない。

いまは、プロである木村弁護士の頭の中で、第一号としての構想が組み立てられているのだろう。

しかし、しろうとの私が、わかったことだけをいえば、いままで、たった一人の後見人に委《ゆだ》ねていた仕事を、子どもを含めて複数の人の目で見守ってもらうことが出来る。

たとえば、私が、㈢と㈣の状態になった時、友だちが来やすい場所にあり、車イスを押してもらって散歩すると、気分がよくなる庭があり、一緒におしゃべり出来る部屋があり、しかも私の家は売らず、私のお金はきれいに使う。そういうホームを探して入れてもらう。

大金のない私は、〝小金〟をモエコ財団へすべて移すのであるから、財団で公正に管理してもらう。私の母みたいに、ふとんの下に、ハンコや通帳、遺言状を隠し回らなくていいのは助かる。

認知症になっても、物をとられたとか、金が無くなったとか心配しなくていいなら、これも気が楽だ。でも、病気だと〝モエコ財団〟のことも、忘れてしまうのかなァ……。

死んだあとは、私にやさしくしてくれた人（血縁関係のあるなしを問わず）すべてに、スズメの涙でもお金をあげたい。この団体には寄付しようと思っているところも、いま現在、複数ある。したがって死んだらまず家を売ってもらう。片付けは、遺品整理屋さんを呼んで、情け容赦なく捨ててもらう。子どもたちには、遺留分にプラスして、私の心を添えたものを渡してもらいたい。

こういうさまざまなことを、私は理事会でくどくどとシツコク話し、木村弁護士に紙に書いてもらい、かつ、その通りになったかどうかまで見届けてもらう。

そういう空想をはじめると、なんだかもうモエコ財団が出来たような気分になる。大舟に乗ったような安心感が生まれてくる。よく、遺言状を書いた人が、なんとなくホッとしたというけれど、きっと、コレがアレなんだ。

人生は借家で始まり、借家で終わる？

孤独な決断

「あなたの連載を、毎月熱心に読んでいる者です。私はずっと東京のS区に住んできました。シングルです。子どもはいません。公務員を、定年まで勤めました。大金持ちではありませんが、そこそこの年金と、そこそこの貯《たくわ》えは持っています。

それで、教えてほしいのです。S区で、俵さんが、いちばん気に入ったホームはどこでしたか？　そのホームを見に行きたいのです。もちろん、決めるのは私。自己責任で決めます。だから、ご心配はなさらないでください」

こんなメールや手紙を、時々いただく。

忙しくて返事を書けない時もある。でも、出来る限り返事を書くようにしている。この人、Eさんにも書いた。

なぜ返事を書くかというと、

（この人はきっとダレかと話をしたいのだろう……）

と思うからだ。

一世一代の買い物だ。たぶん、人生、最後の大きな……。そして、やり直しのきかない……。きかないわけではないが、かなりやり直しは難しい。しかも、ほとんどの場合、相談する相手がいない〝シングルさま〟だ。

私も、同じである。私は〝バツいちシングル〟。子どもはいるけれど、相談はしない。この問題に関していえば、子どもは最大の利害関係者だ。子どもにとって、大金のかかるホームに親が入ることは、自分の相続分がそれだけ減ることだ。単純に、賛成してくれるはずがない。

そんなわけで、子どもがいても、〝孤独な決断〟だ。老人ホームに入るのは、ほとんどが女性。ほとんどがシングル。みなさん〝孤独な決断の小道〟を独りで歩く。その時、話し相手がいたほうがいいかなと思って、私はいつも返事を書いている。

みんな団地だった

Eさんにも、話したいことがあった。

「老人ホームの大半は、一種の借家です。つまり、所有権ではなく、利用権です。だったら、ホンモノの借家も視野に入れてみたら?」

ということだ。

私がそのことに気づいたのは、〈高齢者等向け賃貸住宅のご案内〉という二冊のパンフレットがきっかけだった。

パンフを出しているのは「UR都市機構」というところだった。聞いたような名前だが、いまいちピンと来ない。〝UR〟とは、そも何者ぞ? ついにはパソコンの前に座った。検索してみる。

(なァんだ。公団のことか! 住宅公団だ。あぁなつかしい! 団地だ。大阪、八尾の山本団地! 東京のひばりが丘団地。いまごろ、アソコはどうなっているのか……)

団地族第一号だった私は、老人ホームそっちのけで、URの歴史に吸い寄せられていった。

日本住宅公団のスタートは、一九五五年だったという。私が大阪、八尾の山本団地を申し込みに行ったのは一九五六年。大阪には同じころ、マンモスの香里団地が建設中だった。結婚は、一九五七年二月。私の人生は、まさに公団の山本団地でスタートしたのだった。一九五九年秋。私はサンケイ新聞東京本社に転勤。東京での第一歩は、やっぱり公団のひばりが丘団地だった。二人の子が生まれたのも、デビュー作『ママ、日曜でありがとう』を書いたのも、みんな、みんな、ひばりが丘団地。

その公団が、なぜ、URなんていうローマ字になってしまったのだ？　そうか。アーバン・ルネッサンスの頭文字なのか。日本人の心のふるさとともいうべき場所が、ローマ字になるとはケシカラン！　しつこく私は腹を立てながら、再びパンフに戻る。やがて、一つの文章に目が吸い寄せられた。

高齢化社会にむけて、誰にもやさしく、いつまでも安心に暮らせる環境づくり、ともに楽しく暮らす環境づくりを目指します。

その横の目次には、

◇高齢者向け優良賃貸住宅
◇高齢者等向け特別設備改善住宅
◇シルバー住宅
◇シニア賃貸住宅
◇その他の高齢者等向け住宅

という文字が並んでいる。

死ぬまで住める場所

その中の一つ、シニア賃貸住宅「ボナージュ横浜」というところへ、私は出かけることにした。

例によって、要支援①のPさんを誘った。

「あなたのようなお金持ちの入るところではないのかもしれないけれど、バリアフリーでコールボタンつきで、フロントサービスもついている〝公団住宅〟が出来たのよ」

と私は宣伝した。

「えっ。それ、ホントに公団住宅？」

Pさんは、びっくりする。私だって、最初は驚いた。私の知っている公団住宅は、四階建て、エレベーターはなし。段差つき。そうだ。思い出した。大阪の団地時代は電話も携帯も（当たり前か！）なかったっけ。年寄りは、絶対住めぬ。住むな！　というのが公団住宅だった。それがいま、コールボタンまでついた団地が出来たという。

「そうなのよ。十四階建て。エレベーターつき。百七十戸。公団も、変わったのねえ。やっぱり高齢時代なんだ。〝死ぬまで住める公団住宅〟を目指すようになったんだ」

Pさんと私は、新宿西口交番の前で待ち合わせ、湘南新宿ラインに乗り、横浜で市営地下鉄に乗り、仲町台の駅で降りるまでしゃべり続けた。二人とも〝UR〟とはいわなかった。頑固に、〝公団〟といい続けた。

Pさんは、パンフレットを見ながらいった。

「ここは、有料老人ホームと違って、AからGまで七種類も、広さの違うタイプがあるのね」

「いちばん広いのは、七十四平方メートルもある。そこだったら、あなたは、絵が描けるかもね」

絵描きのPさんは、きょうも、広さにこだわっている。

私は、コールボタンに興味がある。

百歳の高僧は「恐れるな、ただ死ねばよい」とおっしゃった。私も、そうありたいと願う。だが、でも、やっぱり苦しい時には、押すボタンがあったほうがいい。そう思ってしまう私がいることも事実なのである。

シニア住宅「ボナージュ横浜」のエントランスホールは、ちょっとした有料老人ホームに負けない。ここで、入居者は、ふいの来客などがあった場合も対応してもらえる。来客用のロビーや会議室などもある。来客のたびにいちいち自分の部屋を片づけなくていいのはありがたい。むかし私が団地族だったころ、ドアを開けると、敷いてある布団まで見えるのに閉口した。

コールボタンは二ヵ所。そのほかペンダント型のも使える。それも鳴らせないほど緊急な場合、トイレの中の「生活リズムセンサー」が一定時間使用がないと通報する。すると、必ずスタッフが飛んでくる。〝必ず〟というところに価値がある。

老人ホームと、シニア住宅の大きな違いは、食事だろうか。何といってもここは〝賃貸住宅〟なのだから、キッチンは必ずついている。原則は、自分で調理する。しかし、病気だったり、急な来客には付属の食堂から出前がとれる。もちろん、三食をそこで食べることも出来る。

「ボナージュ横浜」入居費用の目安（75歳、シングル女性）

月額計122,200円〈家賃85,000円、共益費12,000円、基礎サービス費25,200円（税込）〉

支払方法	月払いの割合	月払い額	入居時の一時払い合計額	
			介護費用保険を選択	提携介護施設を選択
一時払い・月払い併用タイプ	80%	97,760円	約1,200万円	約1,860万円
	50%	61,100円	約2,230万円	約2,890万円
	30%	36,660円	約2,930万円	約3,590万円
全額一時払い		――	約3,960万円	約4,620万円

実際の金額は、住宅のタイプや利用する終身年金保険の商品によって差があります。詳細は、ボナージュ横浜まで（☎ 0120-56-5771　水曜を除く、10時～17時）

ユニークな支払いシステム

しかし、何といってもユニークなのは、この住宅の、家賃支払いシステムにあるだろう。

いちばん小さな三十七平方メートル、1DKを例にとる。年齢、性別で、料金が多少異なる。この場合は七十五歳のシングル女性ということにする。

ボナージュ横浜に入るには、終身年金保険に入り、そこから家賃や共益費、基礎サービス料（フロントやコールボタンなど）を払ってもらわなくてはならない。

有料老人ホームの一時金に似ているが、根本的に性格の違う金だ。

例をあげたほうがわかりやすいと思う（別表参照）。

七十五歳のA子さんは、退職金や貯金に手をつけず、大事に持っていたので、全額一時払いタイプを選び、個人年金に加入した。四千六百二十万円もかかった。

しかし、これで、死ぬまで住居費の心配はしなくていい。おまけに、提携している隣りの有料老人ホームの予約まで出来てしまう。あと毎月の生活費は、自分の年金でまかなっていく。

同じく七十五歳のB子さんは、株とか、国債とか、投資している金はあるけれど、いまは動かせない。いますぐ動かせる金として千二百万円の個人年金と介護費用保険に入った。すると、毎月の住居費は、二万円以上安い九万七千七百六十円になる。そのほかに光熱費や生活費もかかるけれど、何とか払っていけるだろう。将来、体が動かなくなっても、隣りの有料老人ホームには引っ越さない。ここで介護保険などを使って人生を終わるつもりでいる。

私も心配になった。

「私は、お金を持っていると、すぐ使ってしまう性格なので、すべてのお金を個人年金にしてしまいました。あとは、東京、中野の自宅があるだけなんです。それを売らないとここには入れないいんですか？」

ボナージュのスタッフにたずねてみた。

「俵さんは、どこの保険会社と契約なさいましたか？　この中に、その会社がありますか？」

と別のパンフを見せられた。

日本の生保会社の名前が、たくさん並んでいる。その中に私の契約した会社名もあった。

「だったら、大丈夫です。でも、契約された金額にもよりますけれどネ」

とスタッフがニコッと笑った。

この制度。私は、わりにいい制度だと思う。もっと早く知っておけばよかった。URでこのタイプのシニア住宅が始まったのは、平成七年だという。

むかし、団地族だった私が、無理して持ち家を買い、団地を出た理由は、こうだ。

(毎月、こんなに家賃を払うのだったら、ローンを組んで、自分の家を買ったほうが賢い。いずれは自分の物になるんだから……)

(いつまでも、元気で働けるわけじゃない。年をとって、病気になり、家賃を払うのにキュウキュウとする生活はご免だ)

そう思い、無理してマイホームを買った。

その結果は、ごらんの通りだ。家はつぎつぎいたみ、修繕代がかさみ、固定資産税が家賃並みにかかり、広けりゃ、広い分だけ、物がふえ、メンテナンスも大変。こわれた天井の蛍光灯一本、つけかえることが出来ない。孤立無援の孤島に住んでいるみたいな生活だ。

というわけで、私は有料老人ホームを志願しはじめた。しかし、終身年金保険で家賃を払ってもらえる借家があるなら、そのほうがよりリーズナブルなのではないか。しかも相手は、民間会社ではない。公務員の方々が天下ってこられる〝独立行政法人〟だ。こちらのほうが倒産の危険性は少ないはずだ。

そうか。人生は借家で始まり、借家で終わる。〝どうせこの世は仮の宿〟というではないか。老人ホームさがしから、私はあらためてその言葉の意味を知ったのであった。

時代はバリアフリー

それにしても、世間の女性は、こういう住宅のことを知っているのだろうか。Eさんは知っているだろうか。知った人は、どんなふうに利用しているのだろうか。

UR都市機構の人に聞いてみた。

――四千万〜六千万の一時金を、全額払う人と、一部払いで入る人の割合はどうですか？

「一括払いが五五パーセント。残りは一部払いですね」

――四千万〜六千万の全額払いだと、民間の有料ホームと変わりませんね。

「そうですね。広さにバラエティーがあるのが特色という程度でしょうか」

――一部払いで入る人は、どのくらいを先払いされるのですか？

「三〇パーセントから六〇パーセントという方が多いですね。入居後の払いは、年金や、それまで住んでいた家を貸したお金、老後の資産運用で捻出される方などです」

――ということは、団地族ではなく、持ち家族の応募が多いということですか？

「正確には分かりませんがいま、約二百人の入居者がいらっしゃって、女性二に対して男性一。いま現在の平均年齢は八十歳。夫婦一に対して、シングルは四という比率です。平成十四年から十八年で、隣りの提携老人ホームに移った人は七人。ボナージュで亡くなった人十人、別のホームに移った人二人、特別養護老人ホームへ一人、子どもや親戚の近所へ転居した人七人です」

ボナージュ横浜へ行った帰り道、むかしの二子玉川団地（いまは建て替えて、シティコート二子玉川という）にも寄ってみた。こちらはまぶしいばかりのバリアフリー、エレベーターつき団地に生まれ変わっていた。認知症の方のための、グループホームまでついていた。団地は変わる。少しずつ「死ぬまで住める公団住宅」に移行しつつあるらしい。

終わりよければ、すべてよしになるために

私のかつての誤解

母が亡くなって、満六年がやってくる。

その間、私は、憑かれたように、老人ホーム探しばかりしていた。訪ねたホームは、百二十ヵ所を超える。「ここに、入ってみようかな」と思うホームに、二回出会った。

いま住んでいる東京の家と、群馬の家に近いホームだった。

全国あちこち回ってみて、「いいな」と思うホームはいくつかあった。しかし、さて自分が入るとなると、これまで築いた〝自分の人生のテリトリー〟の中に、居住したいと願う。それ

はごく自然なというか、当り前のことであって、子どもは、そこを尊重しなくてはならない。

いまから二十五年くらい前、父亡きあとの母に、私はこういった。

「ねえ、お母さん。私のそばへおいでよ。東京の家でも、群馬の家でも、敷地が広いから、お母さんの部屋くらい建て増し出来るわよ」

しきりにすすめたあの言葉は間違っていた。

それに対して母は、口ごもりながらこう答えた。

「でもねェ。お友だちがいなくなるし……仕事（お茶の先生）が出来なくなるし……お茶室がないと、私の生きがいがなくなってしまうし……」

ああ、なんてことを……。

五十代の私は、七十代の母のことなんて、てんでわかっていなかったのだ。汗顔の至りである。

そのあと、寝たきり七年。決して好きではない嫁の世話になっている母に対して、時に私はこう思った。

（私があんなに、東京へおいでといったのに、結局、母さんは、弟がいちばん可愛かったんでしょ。いまこうなって嫁にへつらい、介護してもらっているのは、自業自得というもんだわ）

ああ、なんてことを……。

母だって、七年寝たきりになって死ぬとは思わなかっただろう。ひょっとすると、心臓麻痺でお茶会の翌日に死ぬってことだって、あり得た。もしそうだったら、愚かな私はきっとこういったに違いない。

（母さん。大阪にいてよかったね。自分の家に、最後まで住みつづけ、死の前日まで生きがいのお茶をやり、若い人にお茶を教え、最後は、だれにも迷惑をかけず、ころりと死ぬ。見事な人生。いい人生だったわね）

——つまり、終わりよければすべてよし、ってことなんだ。

現役でいたいのに

だれにも決してわからない〝自分の終わり〟をよいものにするには、一体どうしたらいいのか。

それは、最悪の場合にそなえておく——ということだろう。というわけで、私は老人ホーム探しを始めたのではなかったか。最初のうちは、元気な時から入るホーム（自立型という）に気持ちが惹かれた。

元気な時に入るホームだから、そこではまず仕事が出来なくてはいけない。ボランティア活動も、趣味も、ときには小さな集会まで出来るホームであってほしい。

そう思って探したけれど、どれもこれも、個室は狭かった。本を書く商売なのに、本棚を置くスペースさえなかった。ホームというところは、高齢者イコール、仕事をしない人と考えているらしい。〝生涯現役〟なんていう概念はないのか、あるいは、そういう人は、外でやってくれ……と考えているのだろうか。

最悪の場合は、ホームを寝室と考え、外に仕事場を借りることまで私は考えた。

しかし、そんなことをするくらいなら、いま住んでいる家にいるほうが楽でいい。

何とか、この家を売り、一平方メートルでも広いホームに移ろうと決意し、家の中を片づけ始めた話は、すでに書いた。しかし、自分自身の整理能力に絶望し、病気ではないかと自分を疑い、挙句の果ては、インターネットで遺品整理業者を調べる始末だった。

そのうち、自立型老人ホームへの入居適齢期が過ぎていった。なぜだか知らないが、自立型ホームの入居適齢期は七十六歳までといわれる。幸か不幸か、ホーム探しをしているうちに、元気な私は適齢期を逸してしまったのであった。

おひとりさまの生活

選択肢は、もはや、介護型ホームと認知症対応のグループホームだけになった。いや、もう一つある。その介護型ホームにも入らないで、自分の家で死ぬ、という選択だ。

口惜しまぎれにいうのではないが、私は老人ホームを取材すればするほど、〝自分の家で死ぬ〟ということについて考えるようになった。

私の母が、相性の悪かった〝嫁〟に介護されて、七年の半分（残りの半分は病院）を過ごしたことを、私は嫁姑双方にとって幸せだったと思わない。だから〝老人ホーム〟を研究し始めた。だが、母にはもう一つの選択として、〝おひとりさま〟の生活を貫くという生き方があったのではないか。

母には、毎月三十一万円という年金収入があった。貯金も、あった。いくらあったかは、母が隠していたので、わからない。七年病んで、亡くなった時、貯金通帳には、三千三百万円の金が残っていた。葬式代を引いて、三千万円。七年病んだ人にしては、お金を残したほうだろう。金持ちの兄から何がしかの遺産を貰っていたと思われる。その大半は、茶道具に化けていたけれど。

こういう人が病んだ時、介護保険を使って、どこまで〝ひとり暮らし〟が出来るのだろうか。一九九六年に倒れて以来、二〇〇〇年の介護保険スタートまで、母は、昼間の介護を〝家政婦さん〟、夜を〝弟夫婦〟に頼っていた。この体制には、それなりの問題がある。母と相性のいい家政婦さんや質のいい家政婦さんを確保しにくい。費用がかかり過ぎる。弟夫婦は二階に住んでいる。双方のベッドサイドにコールボタンがついていない生活は、母にとって不安そのものであったろう。かといって、泊り込みの家政婦さんを毎日頼むことは、経済的に無理。

倒れて四年後の二〇〇〇年四月からは介護保険がスタートし、目いっぱい介護保険のお世話になった。が、介護保険だけでは絶対にやっていけない。結局、弟の妻が介護を補完した。私と妹は、ともに東京暮らしだから補完さえできなかった。

この現実を前提にすると、母は弟家族と同居して正解だったということになる。

どこで死ぬべきか？

しかし、前提を変えてみると、どうだろう。

たとえば、母は大阪府豊中市にひとり暮らし。豊中市には、高齢者のひとり暮らしや介護をサポートするNPO法人「高齢生活サポート隊」があると仮定する。天井の蛍光灯が切れ、電球が取り替えられなくなった高齢者は、サポート隊に電話する。背の高い男がやってきて、さっと取り替える。お礼は、シルバー事業団のように、振込み方式になっている。

いよいよ、母が倒れる。ヘルパーさんの隙間を、サポート隊が埋めてくれる。時間のかかるペースト食（病人食の宅配）を、根気よく口に運んでくれるサポートさんもいる。お礼は、振込み方式。

深夜は深夜で、枕元のコールボタンがサポート隊に繋がっている。医療行為は在宅医療支援センターにお願いする。

私たち三人の子どもは、ローテーションを組んで、出来る限り泊ってあげる。この場合、母がひとり暮らしだったら、いちいち弟の妻に遠慮しなくて済む。

「ごめんね。母がお世話になって、それでなくてもお忙しいのに……。おかまいなく。私は弁当もお茶も持ってきていますから……」

なんて、他人にぺこぺこするのがいやなんだ。この家は、もともと私たちの家なんだから……と思ってしまう。

もし、大阪府豊中市が、こんな条件をそなえる町だったら、母は最後まで自分の家でひとり暮らしが出来たのではないか。弟夫婦も、気ままに、気楽に、べつのところで核家族の幸福をエンジョイ出来たのではないか。

私の父は、建築家だった。

戦争で家を焼かれ、転々と借家住まいをした。そのあと、建築家としてのノウハウのすべてを注ぎ込んで、大阪府豊中市に自分の家を建てた。当時珍しい鉄筋の個人住宅として話題になった。

父が間取りを考えている頃、こんな会話をかわしたことを覚えている。

「この部屋はね、いちおう応接間にするんだけどね。お父さんが病気になったら、ここにベッドを置くんだ。ここからの眺めがいちばんいいように、庭を作っておく。この部屋で庭を見ながら、お父さんは、死ぬんだ」

それから三十年後。豊中市民病院の一室で〝死の床〟にいた父は、ベッドサイドにいる私たちを見回していった。

「お父さんは、家に帰りたい。ほんとは家で横になりたい。でも、みんながいてくれるから、家族がみんなここにいてくれるんだから、ここが家なんだよね。ここが家なんだよね」

最後の言葉は、自分にいいきかせるような感じだった。それから二日後、父は亡くなった。

人はどこで死ぬべきか。理想はきっと、自分の家なんだろう。

しかし、自分の家で死ねる社会的条件も金もないから、私はホーム探しをしているのだと思う。

倒れたその時は

「終わりよければ、すべてよし」にするため、私はふたたび気をとり直す。つぎは、いよいよ倒れた時のホーム探しだ。ケア専門の介護型ホーム。その前に、自立と介護の混合型ホームというのがある。それもいちおう視野には入れておこう。

今回は介護型ホームをほとんど見なかった。介護型や認知症のホームにいくと、こちらの気持ちが滅入ってしまう。いちばん辛いのは、〝あの沈黙〟だ。〝あの無表情〟だ。それに関しては、日本と外国の差はなかった。ドイツでも、フランスでも、認知症や重度の病人だけがいるホームは、森閑としずまり返っている。いくら笑顔で挨拶しても、反応というものがない。ついつい、足が向かなくなる。でも、それではいけない。今後は歩いてみよう。そして、おおよその見当をつけておかないと、私が倒れた時、周囲が困るだろう。

それと並行して、木村晋介弁護士に頼んである〝モエコ財団〟を、早く設立しなくてはならない。そこでは、たんなる遺言状作成だけではなく、任意後見、倒れた時の対策、ぼけた時の対策、尊厳死の問題、葬式、遺言状の執行、墓、東京の家、群馬の美術館の後始末など、あらゆる人生終末の問題を、子どもたちとともに解決していただかなくてはならない。それについては、いずれご報告する機会があるだろう。

人生の晩秋計画

この三年間で、いちばん大きな収穫は、七十五歳と五ヵ月の時、自分が持っているすべてのお金を点検し、老後の計画をたてたことだ。

そういうことは、サラリーマンの場合、ふつう六十歳の定年前後にやる。私のように、自由業だと、定年がない。その上、私は〝生涯現役〟を目指して生きようと思っている。昨日の続きに今日があり、今日の続きに明日がある――という気分でつい七十五歳まで来てしまった。

しかし、定年制度がなくても、人間は確実に老い、確実に病み、確実に死ぬものだ。定年のあるなしに拘《かか》わらず、どこかで〝人生を終わる準備体制〟に入らなくてはならない。

ひとさまより十五年も遅れて、やっと私はそれに気付いた。そのきっかけを与えてくれたのが、母の死と、それに続く老人ホーム探しだった。

三年前、〝ここなら入ってもいいかな〟と思うホームを一つ見つけた。入居一時金が七千百五十万円。そんなお金あるかしら、と、手持ちの金を調べ始めた。

そのうち、有料老人ホームで暮らすには、七千百五十万円のほかに、毎月二十五万くらいの金（食費や管理費）をホームに払わなくてはいけない。そのほか、旅行費、本代、洋服代、慶弔費、つまり、いつも私が使っているような小遣いが必要。さらに病気をした時には別途医療費、入院費も持っていなくてはいけない。それに気付いて愕然とした。

（いったい私は、いまの生活をつづけるなら月にいくらのお金が必要なのか。東京と群馬に二軒の家を持ち、群馬では美術館を起業し、〝雇用の創出〟にあこがれて、七人の人を採用し、給料を払っている）

まず、現状の規模の生活で、いくらかかっているのかを把握することから始め、人生の晩秋にふさわしい規模の生活と財政を検討しはじめた。

その回答が、不動産を除いて、すべてのお金を、年金に変えるという結論だった。そして私は、それを実行した。

おかげで、気分がゆったりした。

とりわけ、私にしては上出来だと思ったのは、五十二歳の時（一九八二年）、三千四百万の原資でかけておいた個人終身年金だ。公的年金に縁の薄い私が、老後のためにそなえた唯一の自衛手段だった。六十歳から、毎月二十七万円の終身年金が死ぬまで配達されることになっている。先日、ある社会保険労務士に〝いちばん利息がいい時に、いちばんいい決断をしましたね〟——とほめられた。国民年金以外の公的年金がゼロの私としては〝ケガの功名〟だったといえるだろう。

七十五歳の手持ち現金総点検を済ませた私は、あらためて自分の経済力に見合った〝人生の晩秋計画〟を、再構築するつもりだ。どうやら、いままで私がやってきたことは、順序が逆だったような気がする。まずは、お金の計算から始めるべきだった。いや、やっぱり私の性格では、入りたい老人ホームを見つけなければ、貯金通帳を見ようとさえ思わなかったに違いない。

編集注

以上が、「終の棲み家に翔べない理由」と題して、「婦人公論」二〇〇七年五月二十二日号から二〇〇八年四月二十二日号まで連載された十二回分です。

この連載に、数ヵ所の老人ホーム取材をし、文中に触れている日本で最初、個人信託財団第一号の立ち上げまでを加筆し、さらに巻末にこの「モエコ財団」の発案者で、俵氏のホームローヤーである木村晋介弁護士との対談を掲載し、一冊の本にまとめることになっていましたが、一般社団・財団法人新法（法人法）の施行される前の八月、著者の俵氏は入院され、加療の甲斐無く十一月二十七日に還らぬ人となりました。

そこで木村弁護士に、モエコ財団とは何か、俵さんが考えていたことについて一文を寄せていただきました。

「モエコ財団」とはなにか

——老後から終末に向け、萠子さんはどう考えていたのか

木村晋介

撮影　松山泰三

木村晋介（きむら・しんすけ）
1945（昭和20）年長崎市生まれ。中央大学法学部卒業。1967年司法試験合格。1970年弁護士登録。1983年木村晋介法律事務所開設。大学在学中は、作家の椎名誠らと同じ下宿で共同生活を送る。消費者問題、犯罪被害者救済、高齢者問題、プライバシー問題などに深くかかわり、著作やテレビ・ラジオ出演等幅広く活動。最近はカンボジアの弁護士養成のための国際協力に力を入れている。著書に『遺言状を書いてみる』（ちくま新書）、『激論！「裁判員」問題』（朝日新書）、「キムラ弁護士、ミステリーにケンカを売る」（筑摩書房）など多数。

自己決定を生かすシステムの構築

俵萠子さんとは、長いお付き合いでした。どんなお付き合いだったのかについては、紙数もないので、ここでは遠慮しておきますが、喜寿のお祝いでは、一番バッターで祝辞を頼まれ、俵萠子を折り込んで、こんな都々逸《どどいつ》をうならせていただいたことだけは記しておきましょう。

〽たいきん無いけど
　わかさは一杯
　らくに喜寿越え
　もえこさん

彼女から終末のすべてについて相談されたのは、二〇〇七年の七月でした。乳がんこそ克服していた彼女でしたが、老後から終末へむけて、俵萠子の、俵萠子的道筋を彼女は彼女なりに、手間隙を惜しまず探し求めていたころでした。

彼女の頭にあったものはおよそ次のような事柄でした。

先ず第一に、いずれは体力、知力が衰えるに違いない、自分への支援、介護の道筋を、元気なうちにしっかりつけておくことでした。

次に考えていたのは、二人の子供と孫のことでした。ジャンヌ・ダルクのように、何度も、逆境を強烈な意思の力で見事に新天地に創り替え、人生を切り開いてきた彼女にしてみれば、どうしても頼りなく見えてしまうこの子孫たち。かれらが困難に立ち向かうための援助が必要なときに、どんな力が貸せるのだろうかと。

第三に考えたのは、自らが、強力なリーダーシップで支えてきた、がん患者支援運動。この運動体のために、自らが老い、終末を迎え、そして死して後に、何が残せるのだろうか、ということだったのです。

そして最後に、父のふるさと赤城に設立した、陶芸の里。俵萠子美術館のあとをどう始末づけていくのか。これでした。

ここで、木村が持ち出したのが、「俵萠子財団（モエコ財団）」設立の構想でした。

彼女が心配の種としている四つのことを、バランスよく実現させていくのは、並大抵のことではありません。その当時は、確かに大変お元気でした。〇七年十二月の喜寿の祝いでも、彼女から僕は「自分の老後のことをすべて任せているホームローヤーです」と紹介されましたが、「本人はそう言っているけれども、どうも僕の葬式で、うれしそうに弔辞を読んでいる俵萠子の姿が浮かんで仕方がない」と、半分本気で挨拶を切り出したほどだったのです。

しかし、病気しらずの木村と違って、彼女には何度も死地をさまよった体験がありました。であればこそ、より自分の老後と終末の迎え方、そしてそのあとの事柄について、慎重になっていたのだろうと、今になって思います。

木村の打ち出した構想は、俵萠子が、元気な高齢者である時期の資産運用のあり方、そして、次第に他者の支援介護が必要になっていく時期の資産運用・支援介護方針のあり方、認知能力が衰えていく時期の資産運用・介護のあり方、終末に向かう時期の診療・資産運用のあり方、終末における疼痛《とうつう》治療の徹底・尊厳の確保の仕方、終末直後の措置のあり方、葬儀等の法要のあり方の選択、遺産の分配方法の決定などを、一元的で、一貫した手続きの中で行えるシステムの構築でした。そしてそのシステムは、可能な限り俵萠子の自己決定を生かすことができるものでなければなりませんでした。

おりしも、その相談を受けたときは、民法の改正と、それにあわせての社団法人財団法人関連法の制定が行われた一年後のことでした。その施行は、結局〇八年十二月一日となってしまいましたが、法律自体は出来上がっていたのです。しかも、私の構想の骨格となる改正信託法の施行が目前に迫っていました。旧信託法には一条しかなかった民事信託についての規定が、その改正法では大幅に整理され、使いやすくなったのです。

成年後見制度は本当に役に立っているか

高齢者の資産管理は健常者については本人に任せ、認知能力や身体能力の衰えとともに、成年後見制度を使い、症状の進行の程度に応じて、家庭裁判所に、補助人、保佐人、後見人などを選任してもらい、これらの人に財産の管理について助力を受け、また、代理をしてもらうというのが一般的な考え方です。

これがけっして悪いと決め付けるわけではありません。ですが、健常者とはいえ、振り込め詐欺に遭う人は後を絶ちません。また、補助人、保佐人、後見人などが親族の場合、その親族が、その高齢者の財産を残すことに主眼をおき、高齢者本人の支援介護の費用をケチることも間々あることです。また、成年後見制度を受け付けなければならないときには、本人の能力が減退しているわけですから、タイミングよく、周囲の人が、裁判所に後見人をつけるように申立してくれるかどうかも運しだいです。そこで、後見人がつかないうちにと、本人の通帳や印鑑を使って、預貯金を横領してしまう親族が後を絶ちません。

大変その効果が期待された任意後見制度（健常者が、自分で自分が認知症となった後の後見人を指定しておける制度）も、悪徳行政書士が、親切ごかしで九十四歳の女性に近づき、この制度を利用してその知人を任意後見人に立て、その財産を騙《だま》し取ろうとして逮捕された事件がありました。最近はやりの任意後見NPOも無条件の信用は禁物です。成年後見業務を請負うNPOの社会福祉士が、自分の夫を任意後見人にし、結局約三百五十万円の遺産を受け取っていたという事件もあります。任意後見は悪用の危険性が少なくない制度といえます。

高齢者介護施設は、適正に運用されているか

介護保険法の導入で、高齢者の介護の土台は、行政の「措置」（官庁の行う手続き）から、介

護を求める側と行う側の合意にもとづく「契約」へと大きく転換したとされています。しかし、そもそも契約というものは、対等な当事者間での交渉と合意を基本とするもの。高齢者本人には、そのような対等の交渉力がないことは明らかです。

その結果として、介護施設への入居や、入居後の扱いについては、その高齢者をその施設に入居させたいと考えている、入居契約の身元引受人（多くの場合は長男や長女）の意向が強く反映しているという現状があります。

「うちの母が、認知症になったようなので、そちらの施設に入居させたいのだが、本人が反対して困っている。ホテルに行くからといって連れて行くので受け入れられるか」と実際に大手の介護施設を経営している企業の相談窓口に問い合わせてみると、担当者の次のような説明が返ってくるのが実情です。

「大丈夫です。ご本人は、契約にお立ち会いいただかなくても結構です」

「身元保証人様のご意向に沿って、もし会わせたくない親族の方がいらしたら、お断りすることもできます」

「介護保険は、ご本人様のものを使いますので、契約書の署名は、身元保証人様に代筆いただくことになります」

少し辛口に言わせていただければ、現在の介護施設の果たしているひとつの重要な役割は、その高齢者から高額な入居一時金を取り上げて、自己の支配下に置き、身元引受人以外の親族から孤立させ、その財産を有利な立場で取得したいと望んでいる「身元引受人」を支援することにあります。本人が、いかに自宅に帰りたいと言っても、それは、認知症特有の妄想的な帰宅願望としてかたづけられてしまいます。

いずれにしても、後見人がつくまでは、「本人の意思にもとづいている」という外形だけととのえれば、その財産は処分される可能性がありますし、いかなる悪徳商法との契約も可能となってしまいます。

そこで、本人の財産を信用のできる安全なところに移転させておくことに旨味が生じてきます。これも信託制度の利用につながるものです。

遺言についても問題は少なくありません。そのひとつは、本人の真意とはかけ離れた、この本の七一ページに出てくるような、「書かされた」遺言が余りにも多いということです。せっかく元気なうちに、「これなら完璧」と思えるすばらしい遺言ができたとしても、心身ともにおとろえたところで施設や病院に入れられ、真意とも自分の理想ともかけ離れた遺言書を書かされたとすれば、結局は後の遺言の効力が優先してしまう可能性が高いのです。元気なときに考えた自分の理念にかなった遺産のつかわれ方できるだけ守りきる、この点でも、遺言より信託制度の利用に軍配が上がります。

マイ信託法人構想へ

先ず、新しい信託法の利用について基本を明らかにしておきましょう。

信託というと、すぐに投資信託など利殖の問題と考えてしまいがちですが、これは、大きな勘違いなのです。

もともと、信託制度というのは、自分の財産をある目的のために、他人に移転し、信託契約にのっとって有効に活用してもらうための制度なのです。投資信託というのは、その商業的利用のひとつの形に過ぎません。

萠子さんの考えていた、自分の老後や、子孫の福祉、がん患者団体のための信託（これを、営利を目的としていない信託という意味で民事信託といいます）こそ、信託の本来の形でしたが、日本ではほとんど利用されてきませんでした。その理由のひとつが、信託法の不備。もうひとつが、信託の受け皿の欠如だったわけです。

このうち、信託制度の不備は、信託法の改正によって補われました。新しい信託法は、

(1)信託契約によって信託された財産から利益をうける人（受益者とよびます）を、信託をする人が、信託を受ける側（受け皿）に対して指定すること、またその指定を変更できることを明らかにしました。

(2)同じく、信託をした人の死後のことについても、信託をする人が、信託された財産によって利益を受ける人を指定すること、その人を変更することも認められることが、明らかになりました（これを遺言代用信託ともいいます）。

(3)信託をする人が、その死後の受益者についてあらかじめ、ある条件や時期がきたときに、別の人に自動的に引き継ぎさせる仕組みを認めました。例えば、娘が死んだ後は、孫の利益のために……という「跡継ぎ方の連続信託」も可能になったのです。

この信託法改正のおかげで、萠子さんは、しかるべき「受け皿」さえ整えば、受益者を自分自身と、孫子と、がん患者団体にし、その「受け皿」との間で信託契約を締結することが可能だったのです。

問題は、受け皿のほうでした。誰でもなれるのですが、信用が大切です。そこで受け皿としては、銀行、高齢者支援NPO、介護施設運営会社、弁護士などが今までなら考えられるところでした。このうちだめなのは先ず弁護士です。個人であっては信託をした人より先に死んだり認知症になったりすることがありうるからです。最近は、かなりの数の弁護士も法人化しています。しかし、その弁護士法人を運営するのは、責任社員。この人が、どこまで信頼できるかが問題です。銀行、NPO、介護会社。いずれも、自分が知らない人が役員をしていることが多いでしょう。これがどこまで彼らの利益を二の次にして、萠子さんの思いを実行してくれるか。私には自信がもてません。そこで、ひねり出されたのが、モエコ財団の設立だったのです。

今まで、財団法人・社団法人といえば、公益活動が目的で、少なくとも数億は基金がないとできなかった。それが、今度の新法で、三百万円の立ち上げ基金で一般財団法人というやつが、必ずしも公益目的でなくてもできることになりました。運営するのは、理事（最低一名）、これを監督するのが評議員（最低三名）。理事に自分がこの人なら絶対信用できるという人を、三人ほど用意し（元気なうちは自分が理事長でも結構）、子供たちや弁護士にでも評議員になってもらっておけば、ほかの法人に頼むのとはわけが違って、安心。すべて自分が信頼して選んだ役員が運営してくれる財団法人に自分の財産を信託して、指定した目的に確実に使ってもらう。これぞ、MY信託法人というわけなのです。三百万円の立ち上げ基金を出すのがいやだという人は、一般社団法人の制度を使うことも考えられます。これでいけば、立ち上げ資金はもっと節約できます。

萠子さんの遺志をついで

モエコ財団を作っていれば、MY信託日本第一号ケースとなるところだったのですが、その夢を抱きながら萠子さんは、新法人法が施行される四日前に静かに逝去されました。残念でなりません。しかし、幸いなことに、この萠子さんの遺志をついで、一般社団法人方式で、MY信託をやってみたいという人が現れました。私が長く顧問をしているあのピアニスト、イングリット・フジコ・ヘミングさんです。萠子さんの後継者にふさわしい世界的な著名人です。この本が出るころには、社団法人フジコ基金が立ち上げられそう。ご本人の了解が取れましたので、ここにご紹介させていただきます。楽しみにお待ちください。

Ⅱ　家族と自立

嫁と小姑は、人類が滅亡するまで交わらない

私の人生の達成感とは

ある会合で、年をとらないと味わえない幸福って、あるだろうかという話になった。

「ある。あります」

最初にいったのは、数年前定年退職した元教師のTさんだった。彼女は、私の旅行仲間だ。二、三年前から、私たちは、ほとんど毎年、ツアーを組んで海外旅行をするようになった。私は〝おひとりさま〟。彼女は〝おふたりさま〟の参加だ。大学も同期、定年も同期の夫君とお二人で参加する。

「私たち夫婦はいつか、気儘《きまま》に、行きたい国へ、行きたい時に、二人で旅ができたらいいな、と思っていた。それがいま、実現しているんですもの……。これって、年をとったから味わえる幸福でしょう」

とTさんはいった。

「そうよね。仕事じゃない外国旅行なんて、〝金〟と〝健康〟と〝時間〟の三拍子が揃《そろ》わなくてはできないことだもの……。若い時には①と③がないものネ……」

と私も応じた。

「その幸福って、〝サラリーマンを完走した〟という達成感に裏打ちされているのよね」

といったのは、フリーで生き抜いてきたHさんだ。「私たち自由業には、そういう達成感はないけれど、とにかく食えるだけの〝個人年金〟を設定できた日に、バンザーイ！　という達成感を味わったわ」

職業を持って生きてきた女が、口々に自分の人生の目標や〝達成感のしあわせ〟について話している時、後方に座っていた女性が口を開いた。

「私は専業主婦ですけど、専業主婦にも、やっぱり達成感のしあわせって、ありますよね」

それは、何だろう？　離婚せず、亭主を繋ぎとめたことだろうか、と思ったのは、バツイチの私だ。〝子どもを育ててあげたことかな？〟と思った人もいただろう。が、両方とも違っていた。

「主人の親、私の親、四人の親を、看取った、ということでしょうか。それが私の人生の達成感です」

と、その人はいった。

隣りの専業主婦も、口を開いた。

「私は、四人ではありません。義父と義母だけですから、二人です。けれど、この二人を看取ったこと。それが、私の人生の達成感かな、と思います」

あと四人、次々と手が上がった。四人とも同じことをおっしゃった。

やっぱり親子は親子

お恥ずかしいけれど、この年まで私は知らなかった。親を看取ることが、人生の達成感になるなんて……。実の親にしろ、義理の親にしろ、親を看取るということは、生んだ子を育てるのと同じようなものだ。生きることに付随する行為だ。私はそう思っていた。それ自体が人生の目的や達成感にはつながらない——そう思っていたのだ。

でも、いま、目の前に六人もの女性が「私の人生の達成感は、親を看取ったことだ」といって座っている。青天の霹靂《へきれき》。そういう達成感が存在すること自体、私は知らなんだ！

（そうか。立場なのか……）

と私は思った。この人たちは〝嫁〟という立場を生きた女性だ。幸か不幸か、私は嫁の立場を十七年で放棄した。おかげで（？）義理の親を看取る仕事はなかった。一方、実の両親は——というと、これまた看取りの座から外された。昔気質《かたぎ》の両親は、看取り役として男の子を指名し、長男夫婦と同居したのだった。私はたんなる〝小姑〟という立場に立たされた。

小姑と嫁と、どちらが親を愛しているだろう。よほどの例外を除けば、答えは決まっている。その愛情が歪《ゆが》んでいようが、いまいが、やっぱり親子は親子なのだ。

私の母が亡くなって、六年たつが、いまでも私は毎日のように思っている。

（母さん。会いたいな）

嫁という人は、たぶんこんなふうには思わないだろう。ただし、自分の親に対しては、私と同じように思っているにちがいない。お互いさま。それは仕方のないことなのだ。

とはいっても、私は昔から母が好きだったわけではない。いまでもヘンな人だったと思っている。私がもし〝嫁〟という立場で、あの人にはじめて出会ったとしたら、きっと好きにはなれなかったことだろう。

なのに、ほとんど毎日（母さん。会いたいな）と思うようになったのは、ひとえに母が亡くなってしまったからだ。

母が生きている頃、私は大阪へ行くと、必ず母に電話をかけた。関西テレビのレギュラーの仕事をしていたし、大阪講演もしばしばあった。月に一、二度、確実に大阪へ行くチャンスがあった。

電話をかけると、母はうれしそうだった。

時間を作って、泊まりに行くと、もっとうれしそうだった。料理は下手だけれど、それなりにご馳走しようとしているのが、私にはよくわかった。そこには母と娘だけの甘美な時間が流れていた。

母はいつも、流しを背にし、庭に向かって座っていた。食卓の北東の角。それが母の席だった。私が座るのは、母の席のあい向かい。母はいつも、椅子の上に、小さな座布団を敷き、その上にちょこんと正座していた。いわゆる〝ばあさん座り〟というやつだ。お腹には、なつかしい花柄の小さなエプロンがかかっていた。

母と私が向かい合って座っている食卓の東壁面は食器棚。西は、通路をはさんで壁。壁の前にテレビが置いてあり、テレビの上に、私が描いた母の肖像画がかかっている。

この肖像画は、母が七十五歳くらいの時、東京の私の家で、母をモデルに私がクレパスで描いたものだ。母はそれを大切に、大切にしてくれていた。九十二歳で母が死ぬまで、その絵はいつも同じところにかかっていた。亡くなった時、形見わけで私が貰って帰り、いまは、赤城山の「俵萠子美術館」に飾ってある。

“私の部屋”も“あの席”も消えて

母が生きていた頃の実家は、いつも時計が止まったように静かだった。そこには、父もいて、私たちが五人家族だった頃の時間が流れていた。

その実家が消滅したのは、母の三回忌の時だ。

「いま、家を改築しているので、三回忌を一年遅れでやるけど、ごめんね」

という弟の電話を受けた。その時私は「それも、仕方がないか……」と思った。何しろ、古い家だし、弟の職業は一級建築士だ。改築するなら、きっと凝りに凝るだろう。結婚以来三十余年、狭い二階住まいで辛抱してきた弟たちだ。いまやっとすべてがわが物になって、弟が張り切る気持ちはよくわかる。しかし、一年遅れの三回忌の日。実家へ帰った私は仰天した。

玄関の前にあった〝私の部屋〟は完全になくなっていた。そこはなぜか、トイレになっていた。

母がいつも、庭の方角を向いて座っていた〝あの席〟も、消滅している。かわりに燦然《さんぜん》と輝く対面式システムキッチンが、ダイニングルームの中央にゆったり据えられている。

その分だけ前へせり出したモダンな食卓の、北東の角には、母ではなく、弟の妻が艶然《えんぜん》とほほ笑んで座っていた。

(そうか。義母のおむつを替えるということは、こういうことだったのか……)

寝たきり七年の母の歳月。自分の母親のおむつを、妻に替えてもらった弟は、こういう形で妻の労苦に報いた。それはそれで、うるわしい夫婦愛だ。妻は夫の母をとにもかくにも看取り、見送った。いまその達成感に満たされながら、妻は新しき〝主婦の座〟に鎮座している。

弟は弟で、一級建築士のノウハウのすべてを投入した。私の思い出の実家は見事に跡形もなく消滅している。ちなみに私の実家は鉄筋コンクリートでできていた。これまた一級建築士だった父が一九五〇年、精魂かたむけて作った家だ。そのコンクリートを撤去することもなく、破壊することもせず、どうして〝萠子の部屋〟が便所に変わってしまうのか。どうして〝母の席〟が消滅し、見事な対面式キッチンになってしまったのか。

ひょっとすると、弟は私が想像している以上に、有能な建築家なのかもしれない。

涙とともに綴った爆弾発言

しかし、弟夫婦の達成感や幸福は、小姑の私には関係がない。

関係がないどころか、変わり果てた実家（世間では見事な改築例だといわれている）に一泊した私は、打ちのめされて東京へ帰ってきた。泊まってよくよく観察すると、思い出の〝萠子の部屋〟は、半分は全自動式の便所に、残りの半分は物置きになっているということがわかった。

もちろん、〝母の席〟は、どんなに探してもあるはずがない。

当たり前だ。いや、むしろ慶賀すべきことだ。

とわかっている。なのに、面白くない。小姑というのは、こういうものなのだ。困った存在だ。厄介な存在だ。箸《はし》にも、棒にもかからない。

母が亡くなって、もうすぐ満六年になる。ことしは七回忌だ。またあの〝見慣れぬ実家〟に行くのかと思うと、足がすくむ。あの家は戦争で家を失い、戦後、父が必死で働き、母は家計を切りつめ、私たち子どもは小遣いを切りつめて建てた〝私たちの家〟だという意識を変えるのがむずかしい。

〝お嫁さん〟という人と、小姑といわれる人が、絶対に交われない一点は、たぶんそこなんだ。

母の闘病時代を書いた拙著『子どもの世話にならずに死ぬ方法』で、唯一、私が涙をポタポタこぼしながら書いたくだりがある。第一章「母さん、堂々と病んでください」の一部だ。

突然、動けなくなり、寝たきりになった母が、いよいよ弟の妻のお世話にならなくてはならない時が来た。

私の母と、弟の妻は、表面的には、ごく普通の嫁と姑だ。とくべつ仲が悪かったわけでも、よかったわけでもない。どちらにもいいところと悪いところがある。でも、姑と嫁の関係が、実の母娘と同じということはあり得ない。お互いに、決して〝好き〟という関係ではなく、お互いに〝努めている〟という関係であったろう。

そこへ、母が倒れた。

驚いて東京から見舞いに駆けつけた私の前で、母は気持ちが悪いほど、嫁に媚《こ》びる発言ばかりしていた。はじめ、辛抱して聞いていた私は、やがて耐えられなくなり、爆弾のような発言をする。

「やめて！　お母さん」

「お母さんは、一所懸命、働いてきたじゃないですか」

「そのあなたが、いま八十五にもなって、動けなくなったからって、それが何ですか。当たり前じゃないですか」

「堂々と病気をしてよ。お母さん。お願い！　卑屈にならないで！　いばって病気をして……」

と絶叫する。弟の妻に対しては、母にやさしくしてやってほしいと涙ながらに懇願する場面がある。あの本では二一ページから二二ページにかけての部分だ。

あのくだりを書いた時、珍しく私は噴き出すような涙と戦った。いまでも、あのページは涙なくして読み返すことができない。長い間、それは私だけの感情かなと思っていたが、どうもそうではないらしい。

私は、群馬県の赤城山に「俵萠子美術館」を持っている。その一階に私の書いた本のコーナーがあって、結構、お客様が来てくださる。私が、美術館のロビーに座っていると、通りかかったお客様がおっしゃる。

「あの本、読みました。私はあの本の中でいちばん好きなのは、第一章です。母さん、堂々と病んでください——あのくだりです。読みながら声を出して泣きました」

という人が多いのに気がついた。

そういってくれる人は、みなさん、小姑のお立場。かたや「達成感のしあわせ」を感じている方は、嫁のお立場。

この二つが交わることは、人類滅亡の日まで絶対に来ないだろう。


（「婦人公論」二〇〇八年八月七日号）

対談　自立した生をまっとうするために
年を取ってみないとわからないことがある

香山リカ×俵萠子

撮影　井上和博

香山リカ（かやま・りか）
一九六〇年北海道生まれ。東京医科大学卒業後、精神科医となる。臨床経験を活かし、各メディアで社会批評、文化批評、書評など幅広く活躍。現在、立教大学現代心理学部教授。著書に『生きづらい〈私〉たち』『結婚がこわい』『老後がこわい』『私は若者が嫌いだ！』『言葉のチカラ―コミュニケーションレッスン』『親子という病』など多数。

老いへの不安

俵　初めまして。最近お出しになった『老後がこわい』（講談社現代新書）、面白く読ませていただきました。

香山　ありがとうございます。

俵　香山さんはまだ四十代。ばりばり仕事をなさっている。そんな自立した女性たちが、老後に不安を抱いていることを、あの本で知りました。

香山　同じ世代の友達の葬式に出ることもありますし、急増しつつある、流行《はや》りの言葉で言うと「負け犬」の女性にとって、最期は家族に看取られることもなく孤独に死んでいくことも、ありうるじゃないですか。福祉の予算はどんどん削られているし、真剣にこれからの自分を考えていかなければと思ったんです。

俵　私も独り暮らしだけど、仕事を続けながら誰にも迷惑かけず、ある日ぽっくり死ぬのが理想だったの。でも、母親が七年間寝たきりになりましてね。私の弟の妻に介護されながら九十二歳で死んでいったのを七十二歳の時に見届けました。人間、なかなか理想どおりに死ねるわけじゃないと思い知らされ、急に「自立した老い」を考えるようになった。もちろん自分で自分の骨を拾うことはできないわけだし、お葬式は誰かにやってもらうしかない。でも、自分で稼いだお金で、そういう手続きに代償を払うことで、自立した死がありうるのではないか。まず、自分にとって快適な高齢者施設はどういうものかと数年前から取材を始めた。

香山　それで『子どもの世話にならずに死ぬ方法』（中央公論新社）を書かれたわけですね。

俵　そう。途中報告としてね。私は、樋口恵子さんや吉武輝子さんたちと、「三人娘」なんて呼ばれて（笑）、女性の権利や自立のためにずいぶん運動してきたの。一九七五年の「国際婦人年」の頃から始めたわけだけど、当時はやるべきことが多すぎて、老後のことまで頭が回らなかった。カレーのコマーシャルで、「私、作る人」ってあったの、覚えてない？

香山　「ぼく、食べる人」と続く。（笑）

俵　女性が料理を作り、男性が食べるのが当たり前という固定された考え方はおかしいのではないかと、カレーの会社に抗議しに行った。でも、相手はぴんとこないって顔してましたね。

香山　性差によって分業が固定されて当たり前だというのが常識だったと。

俵　夫から暴力を振るわれた女性が、離婚したくて家庭裁判所に訴えても、家裁の男の調停委員が「それは夫の愛の鞭《むち》じゃないですか？」と平気で口にしていたのよ。

香山　ひどいなあ。

俵　女性の調停委員までが「そうですよね」と相づちを打つ、そういう時代だったの。わずか二十～三十年前のことです。そんな時代の女性は結婚して夫にすがるしかなかった。私は半世紀以上前に新聞社に就職し、女は結婚したら辞めるから責任ある仕事は任せられないという風潮を覆そうと、結婚後も子どもが生まれてからも懸命にがんばってきた。ところが労働組合の男性幹部が、男性の待遇をよくする交換条件として、女性記者は三十五歳で定年にするという案を会社に提出したの。

香山　えー⁉

俵　こんな会社にいられるかと、三十四歳でフリーになり、それから女性のためにがんばって運動して、私たちの代表を国会に議員として送り込み、男女雇用機会均等法や育児休業法を成立させた。「これで女性が、男性に頼らなくとも自立できる下地ができた」と十数年前に運動から降りました。ところが、香山さんのように自立して働いていても悩む人もいるわけでしょう。私たちの運動は、現役世代の女性のためであって、リタイアした後のことまでは考えてなかった、と気づかされたのね。

女の定年とは

香山　結婚さえすれば救われる、という考え方もいまだにありますが、結婚していれば不安が解消されるわけでもないんですよね。勤務先の病院に来た六十代の女性の患者さんに相談されたことがあります。夫が定年を迎えて、二人きりで一日中顔を合わせることになった。夫は家事は何もしないし、会話もない。部屋には会社にいた頃の書類がそのまま置いてある。こんな生活がずっと続くかと思うと、どうしていいかわからない、と。同じような患者さんは大勢います。

俵　よく聞くわね、そういう話。

香山　夫の側は、妻の不満に気づいてないみたい。一所懸命働いて、幸せな家庭を築いたんだから満足しているに違いないと。私のようなシングルの女性が老後に不安を抱くのは、ある意味、わかりやすい。でも、パートナーがいるがゆえの孤独には、どう答えていいかわからない。解決のしようがないと感じました。

俵　男性は、会社が命じゃない？　だから、定年を迎えると燃え尽きちゃうわけ。それに比べると、女性のほうは、働いている場合、会社を辞めたら草木染めをしたいとか、孫の面倒を見たいとか、手ぐすね引いて定年を待っている女性も多いのね。

香山　そうなんでしょうが、一方で、男性はキャリアを積んで出世したら、無条件に尊敬されますよね。ところが女性は、どんなにがんばって実績を残しても、「偉いですね。ところでお子さんの世話はどうしてますか？」と留保をつけられる。そういう風潮はまだまだ根強いからこそ、「会社だけが私の人生じゃない」って他によりどころを求めざるをえないんじゃないでしょうか。

俵　なるほど、そうかもね。

香山　私たち、男女雇用機会均等法以後に就職した女性にとっては、定年を迎えた女性の先輩という手本が少ない。だからこそ、定年を迎えた後はどうしたらいいんだろうという不安が強いと思います。とくに最近、早期退職制度ができて、自分はまだ発展途上だと思って働いていたのに、不意に「五十歳でも退職できます」と促され、途方にくれるしかない女性も多いです。男性が「元○○会社の部長」という肩書きにこだわって定年後は抜け殻みたいになるのも問題ですけれど、女性もまた、「私ってなんだろう」という問題に直面するほかなくなってきているんですね。

俵　なまじっか、見せかけであっても平等とされているだけに、ことは深刻かもしれないわね。

五十歳の反抗期

香山　俵さんはシングルではあっても、お子さんを育てながら仕事をなさってきた。そこでぜひ伺いたいんですが、子どもが大きくなって自立した後、虚脱感に見舞われて、「空の巣シンドローム」に陥る女性が多いでしょう。

俵　私もそうだった。それを埋めるために、何か趣味を持たなきゃと必死で探した。それで焼き物を始めたわけです。

香山　そういう考え方はすごくまっとうであって、逆に、寂しくなりたくないからと、子どもを自立させない親もいるでしょう。意図的ではないにせよ、変に居心地よくさせて自立の機会を奪い、子どもを束縛し、家に残して……。

俵　パラサイトシングルにさせるわけね。

香山　一生、子どもを面倒見られるのなら、それもありうるかなと思います。でも、実際、多くの場合は子どもよりも先に亡くなるわけです。そして、その時点で子どもが結構いい年齢に達していることまで、親は考えない。子どもが四十～五十代になって、「私の人生は親に支配されっぱなしで、自分らしいことを何も選択してこなかった」と気づくと、急に反抗期が始まる。そういう患者さんが何人も来ました。八十代の親に向かって、「お母さんのせいで、私の人生むちゃくちゃにされた。私の青春を返してよ」と、死ぬ前にひとこと言いたいと。

俵　五十歳の反抗期ねえ……。

香山　その一方で、そういう年になるまで母親と友達感覚で仲良くしていたのが、親に死なれて「一緒に旅行に行く相手がいなくなりました。今後どうしていいかわからないんです」と相談されることもあります。

俵　普通は、思春期に親に反抗して自立するでしょう。親にちゃんと反抗しなかった子どもにも責任があると思うな。

香山　そうなんですが、今や安倍晋三さんじゃないけれど、親の言うことを聞いて素直に家業を継ぐ子どもがよしとされる、そういう風潮ですよね。

俵　子どもの側にも、親に寄生していれば楽ちんという甘えがあるんじゃない？

香山　どちらが悪いとは言いません。小さい頃と変わらないままの親子関係でやってきて、四十〜五十代になって自立を要求される人たちが増えている。そういう人たちが、この先どんな人生を送っていくのか、心配なんですよ。

俵　難しいなぁ。私たちの時代にはなかった悩みだよね。

親の死を乗り越える儀式

香山　私自身、いまだに実家の親や弟との関係が濃くて。どこかで依存してるんですね。その両親が死んだらどうしようという不安があります。

俵　ご両親はご健在？

香山　はい。月に二回くらいは会ってます。地方に二人で住んでいますが、親からすると、私はまだまだ未熟な娘という感じがするらしいし、私自身、親にはかなわないなと思うことも多い。そんな関係が続いているだけに、たとえば、親が寝たきりになって、私はその介護に疲れ果てて、「いっそ早く死んでくれたらいいのに」という気持ちにさせられたら、親が亡くなっても喪失感に襲われずにすむんじゃないかと（笑）、そんなことまで考えちゃうんですね。

俵　う〜ん。

香山　俵さんのお書きになったもので強く印象に残ったのは、お母様を亡くされた時、「今後は誰のために本を書けばいいのかわからない」という一節なんです。

俵　うんうん。

香山　私、とても恐ろしくなったんです。俵さんは、世の女性のために運動をしてこられて、本を書くのも、私たち女性のためなんだと勝手に思い込んでいた（笑）。その俵さんですら、お母さんに褒めてもらいたくて書いてらしたなんて、自分が親に甘えているだけに、ショックでした。

俵　インテリの学者先生が、難しい学術書のあとがきに、「最愛の妻に捧げる」なんて書くじゃない。それと同じことですよ。実は私、母親と仲が悪かったんです。あんないやな親はないと思っていた。でも母が亡くなった時、私の子どもも含めた家族のなかで、「萠子さん、あの本、まだ出ないの？」と待ってくれて、出たら「がんばったわね」と言ってくれたのは、母だけだったと気づいた。

香山　そうだったんですか。

俵　読者のために書くのは大前提。でも、身近な人が待ってくれてると思えば、がんばれるじゃない。七十歳をすぎても、小学生がいい成績をとって、親に通信簿を見せたがるような気持ちはあるんですよ。

香山　ご両親がお元気な時に、亡くなったらどうしようとか、シミュレーションされました？

俵　私はむしろ父親のほうに依存してました。いわゆるファザコン（笑）。とくに、四十二歳で離婚した後、子どもを引き取って働いていた何年かの間、父が大阪から出てきて孫の面倒を見てくれていた。その父に死なれたら困る、とは思いましたね。

香山　実際にお亡くなりになった後、喪失感のようなものはありました？
俵　三日三晩、泣きましたよ。
香山　でも、今は、お父様の死を乗り越えられたのでしょう。どうやって気持ちを切り替えられたのですか？
俵　恥ずかしいんだけど、泣き暮らした後の放心状態のなかで、ふと、「父は私の体の中に生きている」と考えればいいいんじゃないかと気づいた。父が生きている時、私は東京、父は大阪、物理的な距離があった。でも、亡くなることで、逆に距離がなくなるんじゃないかと。それからは、地方で仕事がある時、駅の階段や飛行機のタラップを昇りながら、「お父さん、今日は札幌へ一緒に行こうね」と話しかけるようになったの。
香山　宗教家とか、スピリチュアルな仕事をなさってる方に、そう思うようにアドバイスされたからではなく？
俵　うん、自分で勝手にそう思った。
香山　なかなかできないことですよ。
俵　そんな時に、たまたま群馬の赤城山に来る機会があった。「生まれ育った赤城山で死にたい」というのが父の口癖だった。それを思い出したら、空の雲のあたりに、小学生の父が、絣《かすり》の着物を着てひらひら飛んでいる姿が浮かんだの。さっそく不動産屋に電話して、赤城山の麓《ふもと》の土地を斡旋《あっせん》してもらった。

香山　それが、今の美術館（俵萠子美術館）ですか？

俵　買った当時は廃屋だったけどね。修繕して寝泊まりできるようにして、東京の家から父の写真を風呂敷に包んで持って行った。床の間にその写真を置いて、庭に咲いていたツツジを摘んでお供えして、「お父さん、やっと赤城山に帰れましたね。嬉しいですか？」と呼びかけたとたん、涙があふれてきて、号泣しちゃったのよ。

香山　そういう儀式を経たからこそ、立ち直れたわけですね。

俵　そうそう。儀式を終わらせると、吹っ切れるものよ。私も若い頃は、年を取って家族や愛してくれる異性がいなくなったら、どんなに寂しいだろうと、香山さんと同じような怖さを感じていたのね。でも、この年になって独りになってみると、犬とお酒とテレビがあったら快適で、孤独や寂しさは意外と感じない。なぜかと言われても困るけど、年取ってみないとわからないことって多いの。

老いることの幸福

香山　吹っ切ることが苦手な人が増えているのかもしれません。と言うのは、私の病院に生理不順で診察に来られた五十代女性の患者さんがいました。明らかに閉経なんですが、「そんなはずはない」と言い張ってきかず、精神科の私のところに回されてきた。ホルモン治療をしてくれという人もいます。たしかに更年期障害のひとつである骨粗鬆症は、エストロゲンなどの女性ホルモンが減るのが原因です。でも必要もないのに、ホルモン補充療法をしてくれと頼む患者さんも増えています。

俵　ホルモン補充療法って乳がんの原因にもなることがあるんじゃない？

香山　そうです。でも、がんのリスクよりも、老いたくないという気持ちのほうが強いんですね。

俵　逆に、生理があがって「万歳、解放された！」という人はいないのかな。

香山　そういう声は聞こえてこないですね。かつてであれば「いい年をして」と言われる年齢の女性にも、色っぽくなければならないという価値観の人が増えてきた。女であることを過剰なまでに是として、それがなくなったら存在価値もなくなってしまうという不安があるみたい。

俵　若さにしがみついちゃうのね。でも、老いには〝老いの幸福〟というものもあるのよ。欲しかったものを、自力で獲得できた喜びとか、人生の達成感に包まれて暮らせるっていいものです。最後まで自立して生きようというのも、いい目標になりますし……。

香山　自立した老い、自立した死が可能な世の中になれば、老いることがプラスの価値観として認められるでしょうか。

俵　それを目指すしかないよね。私は高齢者住宅に体験入居したり、さまざまな老後を取材して、成功例を見いだしたいと思ってるわけ。問題があれば、解決のために努力するのが、私の生き方だから。

香山　すばらしいことだと思います。でもあえて言えば、高齢者住宅にせよ、遺品整理業にせよ、費用が発生しますよね。今後、ますます格差社会になっていくと、老後や死にも格差が生じるような気もします。

俵　そこは福祉でカバーすべきこと。なんでも歳出カットで自己責任です、という風潮が広がれば、行き着く果ては安楽死法しかない。

香山　なんだかんだ言って日本は福祉国家だから、最後は国がなんとかしてくれるんじゃないかという、甘い考えが私たちの世代にもあります。でも本当は、自分の老後を考えるうえでも、社会や制度にもっとしっかり目を向けていかなきゃならないように思います。

俵　それは、あなたたちの世代の責任でもあるのよ。私たちはとにかく、あんな時代にあって、現役世代の女性の自立の条件をある程度は整えたんだから、あなたたちだって、できないはずはないわよ。

香山　そうですね。

俵　最後まで自立して生きていける世の中にしていきましょうよ。私も一緒にやりますよ。

（「婦人公論」二〇〇六年十二月七日号）

背負わされた十字架
——母、俵萠子を見送って

母、俵萠子が昨年十一月二十七日に亡くなってから、すでに半年が過ぎようとしています。今回、母の最後の著書が世に出るにあたり、編集部から「あとがき」の依頼を受けました。母が、女性の権利拡張や、教育や家庭、高齢者などの問題について残した功績については、私ごときに語る資格はありません。ただ、肉親としての母の存在は、私にとってずっと重いテーマでありつづけました。

ご存知のとおり、私の両親は新聞記者として早くから名前を知られた存在でした。新聞社を辞めてから、社会運動の先頭に立ちはじめた母は、そのぶん、プライバシーや家族との生活をどうしても犠牲にせざるを得なかった。

私が小学校六年生という多感な年齢の時に、両親が離婚しました。家の前に並んだカメラの前を、俯《うつむ》きながら学校に向かったことを、今でも忘れることはできません。いわば、「有名人の子ども」であるがゆえに背負わされた十字架。それはなお、一生かかって向き合うテーマとして、今もなお、突きつけられているのです。

本書では、母が自立した老後を送るために「終《つい》の棲《す》み家《か》」を探し求め、やがて木村晋介先生の協力を得て、財団設立を目差す過程が描かれています。この書を読んでいて私の心に強い印象を残したのは、いったん老人ホームに入居したにもかかわらず、いじめにあい、自宅に帰ろうかどうか悩んでいた方のエピソードでした。

人間にとって、「終の棲み家」とはなんだろう。それは、家とか老人ホームとか介護施設とかいった「箱」ではなく、残された人の心ではないのか。偉大な母の不肖の娘である私にとって、母はとても重たい存在だった。でも、そんな私の記憶のなかに、今でも母は生きている。母を、私の心という「終の棲み家」に引き取って、私の生命が尽きるまで引き受けつづけることが、私の使命ではないだろうか。

そういう今の私の気持ちを、家族ならではの経験を通して、母を愛してくださった方々、この本を手にとっていただいた方々にお伝えしたいと思います。

昨年の四月一日は、一人息子の大学入学式でした。お祝いにかけつけてくれた母は、孫と並んで写真を撮ったり、とても嬉《うれ》しそうにはしゃいでおりました。

その日の夜、母がホテルのレストランで一席設けてくれました。三人で食事をして、バーのカウンターでお酒を呑み始めたとき、母が「実はさぁ……」とレントゲン写真を取り出したのです。人間ドックで検査を受けたところ、肺がんだと判明したとのことでした。

何もお祝いの席で切り出さなくても……と思いましたが、いつも豪快な母が深刻そうな表情で言うのです。

「ただの肺がんじゃないのよ。おまけに間質性肺炎にもなっているというし、もし、転移だったりしたら……」

母はかつて、乳がんを患ったことがありました。そこから転移したとなると事態は深刻です。また、間質性肺炎を同時に患っているため、切除手術を受けると、肺炎を悪化させる可能性が高い。「前門の虎（肺がん）、後門の狼（肺炎）、両脇にライオン（乳がんからの転移）よ」と冗談めかしつつも、かなり悩んでいる様子でした。

私は母の言い分を聞いてから、こう訊《たず》ねました。

「ママはあと何年くらい生きたいの？」

「そうねえ、あと十年は元気でいたいかな」

そこで私は言いました。

「だったら、無理して体にメスを入れるより、がんと共存しながら生きていけばいいんじゃないの？　その年だから進行も遅いだろうし」

母は「わかった」と答えましたが、結局、手術を受けました。母は「がんは切る」という信念を持っていました。嫌なものを体のなかに残しておきたくない、さっさと切っちまえ、そういう発想なんですね。医師ともいろいろ相談した結果、手術に踏み切ることにしたわけです。手術は、五月に行われました。その結果、乳がんからの転移ではないことが判明し、とりあえず「両脇のライオン」からは逃れられたと喜んでいました。ところがその後、組織検査を受けると、がんが取りきれずに浸潤（がん組織が周囲に広がること）が起こっていたのです。それによって肺炎も悪化しました。結果的に、手術に踏み切ったことが命取りになってしまったのです。

その後、ステロイドによる間質性肺炎の治療に入ったのですが、その辛さたるや……もし私がステロイドを打つ羽目になったら死のうと思ったくらい、大変なものでした。副作用が非常に強く、母の場合、骨が弱って歩くこともできなくなり、しまいにはベッドの上に起き上がることすら困難になりました。メンタル面でも影響があり、老人性の鬱《うつ》を発症したのです。母自身、ステロイドを投薬されることをとても怖がり「いやだぁ、いやだぁ」と嘆いていました。でも、投薬をやめれば即、死につながるわけですから、やめることもできない。

最後の一ヵ月は、本当に見ていられない状態でした。食べることが大好きな母は、病院食はおいしくない、と駄々をこね、あれ買ってきて、これ買ってきて、と好きな食べ物を私やスタッフに運ばせていたのに、とうとう何も口にしなくなったのです。自然が大好きで、病室の窓から外を眺めていた母が、電気を消し、カーテンを締め切っている。ほんのちょっとした光がまぶしくてたまらないという。話しかけると、「やめて」と言う。人の声ですら神経に障って苦痛なのです。

見舞いに行っても、まっくらな病室で黙っているだけの母の姿は、見るも無残という形容がぴったりでした。

ところが、ある日のことです。ドアを開けると、母はベッドの上で座っていました。すでに白内障が進行し、ほとんど失明状態だったのに、なにごともなかったかのような表情で私を見て「あら、協子じゃない」、それから「あんた、具合はどうなの?」と訊《たず》ねたのです。

その頃、私自身も体をこわしていました。息子が大学に入学し、十八年の子育てが一段落したことで、いわゆる「空の巣症候群」に陥ったのです。年齢的にも五十代を目前にして、更年期障害が重なったのかもしれません。母が手術を受けた五月のある日、突然倒れて救急車で病院に運ばれたのです。

先ほども触れましたように、私は共働き家庭で育ちました。私が生まれた当時、母は敏腕女性記者で、第一線で活躍していました。母がどれだけ苦労して仕事と子育てを両立させようとしたかは、『ママ、日曜でありがとう』(一九六四年、秋田書店)という本で書かれています。母は母なりに、「日曜でありがとう(ママがいてくれるから)」と最敬礼する私の姿に涙ぐんでいたようですが、娘である私にとっては、毎朝仕事に向かう母がドアをしめたとたん恐怖がこみあげてきたものです。その辛さはトラウマとなって今でも残っています。

そんな体験から、私はいつも「平凡に暮らしたい」と願っていました。母手製の料理など食べさせてもらったこともなく、「お袋の味」を知らない私は、自分の子どもには、ちゃんと手作りの料理を食べさせてあげよう、おうちもきれいにして、子どもの服やかばんをアップリケで飾ってあげて……とにかく完璧な母親になる、と念じ続けてきたのです。

母の親友である樋口恵子先生から「ママは、あなたにはお弁当を作ってあげなかったけれど、そのかわり多くの人たちを助けたの。人にはそれぞれ役割があるんです」と言われたことがあります。そのとおりだと思います。そして、私の役割は、完璧な母親として子どもと接すること、というのが信念でした。

私が海外の大学を卒業した後、数年テレビ局でフリーの記者として働き、貯めたお金でアジア放浪の旅に出たとき、母は「いろいろ見てきなさい」と応援してくれました。帰ってきたら本の一冊も書いて、物書きとして自分と同じような道を辿《たど》ってくれるのではないかと期待していたようです。

ところが帰国した私はさっさと結婚して子どもを授かり、やがて育児に専念しはじめました。当初は息子をベビーシッターに預けて仕事をしていたのですが、小学校にあがる頃から、家庭内で英語塾を開き、なるべく息子と接する時間を作るようになったのです。料理などの家事を人任せにすることはしませんでした。

そんな私の生き方に、母は「私はこんなにがんばって女性の地位向上に尽くしてきたのに、どうしてあなたは、俗っぽい人生を求めるの？」と不満があったようです。でも私は「私には私の人生がある」と譲らず、やがて母とは距離を置くようになりました。

それなのに、息子が中学校にあがった頃、夫と離婚し、母と同じシングルマザーになりました。私自身、両親の離婚で辛い思いをしています。それだけに息子には寂しい思いをさせてはならない。張り詰めた思いで、息子を一人前にするために全力投球してきた。そして、子育てが一段落すると同時に、それまでの反動で倒れてしまったんですね。

何よりも、これまで病気知らずだっただけに、救急車で運ばれたことでパニック障害になりました。また倒れるのではないかと不安に苛《さいな》まれ、過呼吸に陥るのです。そのころ母は、手術を受けた後でしたが、とても心配してくれて、毎日のように「あんた、生きてる？」と電話をかけてきました。

やがて、先述のとおり、母の状態が悪化しました。見舞いにいっても、私のことを気遣うような精神的余裕はとてもなかった。私も、自分のことは話さないよう努めました。

ところが、その日、母はそれまでの経過が嘘《うそ》のように、「具合はどうなの？」と私のことを気遣う言葉を発したのです。

「私は、大丈夫だよ」

そう答えました。母は、悪化する前と同じ表情でした。うつろだった眼がしっかりと私を見ていました。何よりも、普通の会話が成立したことも久しぶりでした。

「ママ、何か食べる?」

すでに固形物を受け付けず、ヨーグルトやゼリーを舐《な》めることしかしていなかった母に、思わず、そう問いかけていました。すると母は「すっぱいものが食べたい」と言います。「すっぱいものって何?」と問い返すと、うーんと考えこんでいる。私が思わず「もずくとか?」と聞くと、「ばか、行きすぎ!」と大声で叱《しか》りつけたんです。私は普段、お酒を呑む時もずくをおつまみに頼むことが多いので口にしてしまったのです。ここは病院だよ、呑み屋じゃないよ。母はそう言いたかったんでしょう。その叱る口調も、懐かしい母の声音でした。

結局、イチゴを食べさせることにしました。看護士さんの許可をいただいた上で、ひとつひとつ丁寧にスプーンですりつぶしました。そんな私を、母は待ち遠しそうな顔で見つめています。そのとき私の脳裏に、幼かった息子のために流動食を作っていたころの風景が蘇りました。そういえば息子もイチゴが大好物だった。今の母と同じような、無邪気な顔で待っていた。

すりつぶしたイチゴを、少しずつすくって母の口元に運びました。母は、口を開けて待っています。唇の周りにこぼれたぶんをかき集めながら、幼い息子の口に離乳食を入れてやっていたときと同じ。人間は、最後は無垢《むく》な赤ん坊に戻っていく。つくづくそう感じました。

食べ終わったあと、母は、「うーん、最高!」って、嬉しそうな声でした。母が口にした最後の食事は、私がすりつぶしたイチゴだったのです。

スタッフが、吸い口から水を飲ませようとすると、母はそれを払いのけて、「協子！」と言いました。末期の水は娘の手で。母からみれば不出来な娘だったけれど、人生の最後に親孝行をさせてくれたのです。すてきな想い出を残してくれたのです。

しばらくして、母は息を引き取りました。


今年の四月、私はある信用金庫に出向きました。生前、母がそこに大切なものを預けているということは聞いており、鍵も託されていました。相続や不動産名義書き換えなどの事務手続きをしなければならないので、金庫を開いて中身を確認することにしたのです。

私が持っていた鍵と、銀行の鍵を、二つ同時に鍵穴に挿し込みました。金属製の引き出しが抜かれました。覗《のぞ》いてみると、そこにあったのは、いくつかのマニラ封筒でした。ひとつの封筒からは、土地登記などの重要書類がおさめられていました。他に、変に厚みのある封筒があります。なんだろうと思って手に取り、あけたとき、何かが床にこぼれ落ちました。

それは、桐の箱におさめられた、私と弟のへその緒でした。さらに、古い古い母子手帳……。

不覚にも涙がこぼれました。いつの間にか、私は床にくずおれて、声をあげて泣いていたのです。

私が生まれたときに切ったへその緒。赤ん坊だった私の日々の成長を記録した母子手帳。私がこの世に生まれた証を記したそれらのものを、いちばんの宝物として預けていたなんて。自分の死後に、娘がそれを目にすることを、あらかじめ計画していたのだろうか。

「とってもすてきよ、ママ」

私は心のなかで呟《つぶや》いていました。母の魂が蘇って、私の体内を通り抜けていった、そんな感覚でした。

金庫には他に、亡くなった母の両親が母に宛てた手紙や、親しかった人々が、母が著した本について感想を記した手紙が入っていました。それらは、嬉しかったことであれ、辛かったことであれ、母にまつわる思い出とともに、私の手に託されたのです。


最後になりましたが、母がその〝お人柄〟に全幅の信頼を置き、自身の最期と子どもへの支援を託した、我が家の「ホームローヤー」でいらっしゃる木村晋介弁護士。本書においては、迷いの淵の中の母に一筋の光明「モエコ財団」を発案し、予定された対談に代わる一文を、没後ご多忙の中ご執筆下さいましたこと、重ねて深く御礼申し上げます。

また「婦人公論」の母との対談を、本書の掲載にご快諾頂きました香山リカ先生にも心より御礼申し上げます。

そして晩年、母の原動力となりました「婦人公論」の連載を常に息子のように励まし、支え、応援、愛して下さった、母の大好きだった中央公論新社の福岡貴善、疋田壮一様。そして本当に母の最後の本、遺作となりました本書を渾身《こんしん》のご尽力と思いと、母への愛で（時に母と酌み交わした追憶を糧《かて》に……）見事に完成下さいました長谷川宏様に、心より心より感謝申し上げます。

そして本当に最後に。この本を手にして下さった、ママを愛して下さった、たくさんの皆様に。

「ありがとう。」

ママが皆様の「心の棲み家」の中でずっと生き生きと輝いておりますように……。

青木葉協子

二〇〇九年五月

装幀　中央公論新社デザイン室
ＤＴＰ　平面惑星

俵 萠子（たわら もえこ）

1930（昭和５）年大阪市生まれ。1953年大阪外国語大学フランス語学科卒業後、サンケイ新聞社入社。主に育児・教育記事を担当。1965年同社退社後、女性・家庭・教育問題を中心に評論家として幅広く活躍する。1981年３月から４年間、日本初の準公選で東京都中野区教育委員を務める。2008年11月27日逝去。
著書に、『子どもの世話にならずに死ぬ方法』（中央公論新社）、『俵萠子の教育委員日記（正・続）』（毎日新聞社）、『人生に定年はない』『四十代の幸福』『命を輝かせて生きる』『癌と私の共同生活』『生きることは始めること』『六十代の幸福』『人生、捨てたもんやない』（以上、海竜社）、『わたしの田舎暮らし』（大和書房）など多数ある。

終《つい》の棲《す》み家《か》に翔《と》べない理由《りゆう》

二〇〇九年 七 月一〇日 初版発行
二〇〇九年 八 月一〇日 再版発行

著者 俵《たわら》 萠子《もえこ》
発行者 浅海 保
発行所 中央公論新社
〒一〇四－八三二〇
東京都中央区京橋二－八－七
電話 販売 〇三－三五六三－一四三一
編集 〇三－三五六三－三六六四
URL http://www.chuko.co.jp/

印刷 三晃印刷
製本 小泉製本

Published by CHUOKORON-SHINSHA, INC.
Printed in Japan ISBN978-4-12-004042-9 C0095
定価はカバーに表示してあります。
落丁本・乱丁本はお手数ですが小社販売部宛お送り下さい。
送料小社負担にてお取り替えいたします。

工藤美代子 著

中央公論新社刊

快（けらく）楽

――更年期からの性を生きる

現実と欲望の間で揺れる身体とこころ――求めつづける女たち。「婦人公論」連載時から話題沸騰の衝撃のノンフィクション。更年期世代の性の実態が、今、明らかになる。

（四六判、中公文庫）

炎　情

――熟年離婚と性

ふとした拍子に手が触れたりすると、嫌悪感で背筋がぞっとした……。すれ違う欲望、キレッツする心と身体――決断する女たち。『快楽』の著者が描く「婦人公論」連載の熟年離婚、驚愕の真実。

（四六判）

書店にない場合は、小社販売部（〇三－三五六三－一四三一）へお問い合わせ下さい。

中央公論新社既刊から

リハビリ・ダンディ

――野坂昭如と私 介護の二千日

野坂暘子著

六年前、七十二歳の夫が脳梗塞に倒れ夫婦の第二幕が上がった。半身マヒ、骨折、肺炎……困難にめげず声をかける。「あなた、私についていきて！ 二人でカッコいいステージを演じよう」。

（四六判）

中央公論新社既刊から

子どもの世話にならずに死ぬ方法

俵　萠子　著

老いをどう生きるか？　どうすれば介護不安を解消し、子供の人生を巻き込まずに死ねるのか。実母の闘病生活から自らの老後を考え、約百か所の施設を五年に亙り取材した書き下ろし。

（四六判、中公文庫）